折射集
prisma

照亮存在之遮蔽

Malaise dans l'esthétique
Jacques Rancière

traduit par LAN Jiang & LI Sanda

当代激进思想家译丛
● 丛书主编 张一兵

美学中的不满

[法]雅克·朗西埃 著　蓝江 李三达 译

南京大学出版社

激进思想天空中不屈的天堂鸟
——写在"当代激进思想家译丛"出版之际

张一兵

传说中的天堂鸟有很多版本。辞书上能查到的天堂鸟是鸟,也是一种花。据统计,全世界共有40余种天堂鸟花,在巴布亚新几内亚就有30多种。天堂鸟花是一种生有尖尖的利剑的美丽的花。但我更喜欢的传说,还是作为极乐鸟的天堂鸟,天堂鸟在阿拉伯古代传说中是不死之鸟,相传每隔五六百年就会自焚成灰,由灰中获得重生。在自己的内心里,我们在南京大学出版社新近推出的"当代激进思想家译丛"所引介的一批西方激进思想家,正是这种在布尔乔亚世界大获全胜的复杂情势下,仍然坚守在反抗话语生生灭灭不断重生中的学术天堂鸟。

2007年,在我的邀请下,齐泽克第一次成功访问中国。应该说,这也是当代后马克思思潮中的重量级学者第一次在这块东方土地上登场。在南京大学访问的那些天里,除去他的四场学术报告,我们有更多的时间相互了解和沟通。一天他突然很正经地对我说:"张教授,在欧洲的最重要的左翼学者中,你还应该关注阿甘本、巴迪欧和朗西埃,他们都是我很好的朋友。"说实话,那也是我第一次听到这些陌生的名字。虽然在2000年,我已经提出"后马克思思潮"这一概念,但还是局限于对国内来说已经比较热的鲍德里亚、德勒兹和后期德里达,当时,齐泽克也就是我最新指认的拉康式的后马克思批判理论的代表。正是齐泽克的推荐,促成了2007年南京大学出版社开始购买阿甘本、朗西埃和巴迪欧等人学术论著的版权,这也开辟了我们这一全新的"当代激进思想家译丛"。之所以没有使用"后马克思思潮"这一概念,而是转启"激进思想家"的学术指称,是因为我后来开始关注的一些重要批判理论家与马克思的学说并没有过直接或间接的关联,甚至干脆就是否定马克思的,前者如法国的维利里奥、斯蒂格勒,后者如德国的斯洛特戴克等人。激进话语,可涵盖的内容和外延都更有弹性一些。这一新的研究领域已经开始成为国内西方左翼学术思潮研究新的构式前沿。为此,还真应该谢谢齐泽克。

那么,什么是今天的激进思潮呢?用阿甘本自己的指认,激进话语的本质是要做一个"同时代的人"。有趣的是,这个"同时代的人"与我们国内一些人刻意标举的"马克思是我们的同时代的人"的构境意向却正好相反。"同时代就是不合时宜。"(巴特语)不合时宜,即绝不与当下的现实存在同流合污,这种同时代也就是与时代决裂。这表达了一切激进话语的本质。为此,阿甘本还专门援引尼采①在1874年出版的《不合时宜的沉思》一书。在这部作品中,尼采自指自己"这沉思本身就是不合时宜的",他在此书"第二沉思"的开头解释说:"因为它试图将这个时代引以为傲的东西,即这个时代的历史文化,理解为一种疾病、一种无能和一种缺陷,因为我相信,我们都被历史的热病消耗殆尽,我们至少应该意识到这一点。"②将一个时代当下引以为傲的东西视为一种病和缺陷,这需要何等有力的非凡透视感啊!依我之见,这可能也是当代所有激进思想的构序基因。顺着尼采的构境意向,阿甘本主张,一个真正激进的思想家必然会将自己置入一种与当下时代的"断裂和脱节之中"。正是通过这种与常识意识形态的断裂和时代错位,他们才会比其他人更能够感知乡愁和把握他们自己时代的本质。③我基本上同意阿甘本的观点。

---

① 尼采(Friedrich Wilhelm Nietzsche,1844—1900):德国著名哲学家。代表作为《悲剧的诞生》(1872)、《查拉图斯特拉如是说》(1885)、《论道德的谱系》(1886)、《偶像的黄昏》(1889)等。
② Friedrich Nietzsche,"On the Uses and Abuses of History to Life", in *Untimely Meditations*, trans. R. J. Hollingdale, Cambridge: Cambridge University Press, 1997, p. 60.
③ [意]阿甘本:《裸体》,黄晓武译,河南大学出版社2015年版,第7页。

阿甘本是我所指认的欧洲后马克思思潮中重要的一员大将。在我看来，阿甘本应该算得上近年来欧洲左翼知识群体中哲学功底比较深厚、观念独特的原创性思想家之一。与巴迪欧基于数学、齐泽克受到拉康哲学的影响不同，阿甘本曾直接受业于海德格尔，因此铸就了良好的哲学存在论构境功底，加之他后来对本雅明、尼采和福柯等思想大家的深入研读，他的激进思想往往是以极为深刻的原创性哲学方法论构序思考为基础的。并且，与朗西埃等人1968年之后简单粗暴的"去马克思化"（杰姆逊语）不同，阿甘本并没有简单地否定马克思，反倒力图将马克思的批判精神与当下的时代精神结合起来，以生成对当代资本主义社会存在更为深刻的批判性透视。他关于"9·11"事件之后的美国"紧急状态"（国土安全法）和收容所现象的一些有分量的政治断言，是令西方资本主义国家政要为之恐慌的天机泄露。这也是我最喜欢他的地方。

朗西埃曾经是阿尔都塞的得意门生。1965年，当身为法国巴黎高师哲学教授的阿尔都塞领着整个西方马克思主义科学思潮向着法国科学认识论和语言结构主义迈进的时候，朗西埃就是那个著名的《资本论》研究小组中重要的一员。这一点，也与巴迪欧入世时的学徒身份相近。他们和巴里巴尔、马舍雷等人一样，都是阿尔都塞的名著《读〈资本论〉》(*Lire le Capital*, 1965)一书的共同撰写者。应该说，朗西埃和巴迪欧二人都属于阿尔都塞后来最有"出息"的学生。

然而,他们的显赫成功倒并非源于承袭了老师的道统衣钵,反倒是因他们在1968年"五月风暴"中的反戈一击式的叛逆。其中,朗西埃是在现实革命运动中通过接触劳动者,以完全相反的感性现实回归远离了阿尔都塞。

法国的斯蒂格勒、维利里奥和德国的斯洛特戴克三人都算不上是后马克思思潮的人物,他们天生与马克思主义不亲,甚至在一定的意义上还会抱有敌意(比如斯洛特戴克作为当今德国思想界的右翼知识分子,就是反对马克思主义的)。可是,在他们留下的学术论著中,我们不难看到阿甘本所说的那种绝不与自己的时代同流合污的姿态,对于布尔乔亚世界来说,都是"不合时宜的"激进话语。斯蒂格勒继承了自己老师德里达的血统,在技术哲学的实证维度上增加了极强的批判性透视;维利里奥对光速远程在场性的思考几乎就是对现代科学意识形态的宣战;而斯洛特戴克的最近的球体学和对资本内爆的论述,也直接成为当代资产阶级全球化的批判者。

应当说,在当下这个物欲横流、尊严倒地、良知与责任在冷酷的功利谋算中碾落成泥的历史时际,我们向国内学界推介的这些激进思想家是一群真正值得我们尊敬的、严肃而有公共良知的知识分子。在当前这个物质已经极度富足丰裕的资本主义现实里,身处资本主义体制之中的他们依然坚执地秉持知识分子的高尚使命,努力透视眼前繁华世界中理直气壮的形式平等背后所深藏的无处控诉的不公和血泪,依然理想化地高举着抗拒全球化资本统治逻辑的大旗,发出阵阵出自肺腑、激奋人心的激情呐喊。无法否认,相对于拥有庞大势力的对手,他们显得实在弱小,然而正如传说中美丽的天堂鸟一般,时时处处,他们总是那么不屈不挠。人类社会发展的历史已经明证,内心的理想是这个世界上最无法征服也是力量最大的东西,这种不屈不挠的思考和抗争,常常就是燎原之前照亮人心的点点星火。因此,有他们和我们共在,就有人类更美好的解放希望在!

目 录

导　言 …………………………………………… 001
第一章　作为政治的美学 ………………………… 018
第二章　批判艺术的问题与变革 ………………… 049
第三章　阿兰·巴迪欧的非美学:对现代主义的扭曲
　　　　 ………………………………………… 072
第四章　利奥塔与崇高美学:反读康德 …………… 103
第五章　美学和政治的伦理转向 ………………… 124

导　言

李三达　译

美学的名声很糟糕。很少有哪年没有关于它的新著问世,这些著作要么宣告其时代已经终结,要么声称其危害仍在继续。无论哪种情况,指责都如出一辙。美学是诡辩的话语,正是凭借它,哲学或某种哲学会为一己私利而歪曲艺术品以及趣味判断的含义。

指责虽然相同,理由却五花八门。二三十年前,指责的理由可以用布尔迪厄的术语来总结:康德所说的"无功利的"审美判断是"否定社会性"的最好办法①,审美距离会掩盖一种社会现实,这种现实的特点在于这两者的根本区别——"把必需品当品味"与大众习性(l'habitus)的相合,而文化区隔的游戏只留给有条件玩游戏的人。在英美世界中,同样的灵感也激励着艺术社会史和文化史的研究。有些研究为我

---

① Pierre Bourdieu, *La Distinction. Critique sociale du jugement*, Minuit, 1979.

们指明了现实：在纯艺术的幻象以及先锋派的宣言背后，存在着经济、政治和意识形态的种种限制，它们决定着艺术实践的条件。① 另一些研究则冠以"反美学"（Anti-Aesthetic）之名，欢呼着打破先锋派幻象的后现代艺术的到来。②

这种批判形式基本上不再流行。二十年来，学界主流观点不停地揭露出，所有"社会式"解释形式都与解放的乌托邦之间存在着毁灭性的勾连，而后者正是导致集权恐怖的元凶。而且，这种批判形式用另一种方式欢呼着与作品的无条件事件（l'événement inconditionné）纯粹的相遇，就如同它会为回到纯粹政治而高歌一样。人们可能会这么想，美学已经在这个新的思考过程中洗心革面。显然，事实并非如此。指责只是被颠倒了过来。美学变成了矛盾的话语，这种话语禁止我们与作品相遇，使得作品或我们的评价屈从于为了其他目的而设计的思考机器（une machine de pensée），这些目的包括：哲学的绝对、诗歌的宗教或社会解放的梦想。即便相互对立的理论，也都会认同这一诊断。让-马里·舍费尔（Jean-Marie Schaeffer）③ 的《告别美学》（*L'Adieu à*

---

① 在艺术社会史及文化史学者汗牛充栋的著作中，人们尤其会记住蒂莫西·克拉克（Timothy J. Clark）的著作：*Le Bourgeois absolu：les artistes et la politique en France de 1848 à 1851*, Art Édition, 1992. 以及 *Une Image du peuple：Gustave Courbet et la Révolution de 1848*, Art Édition, 1991.

② Hal Foster (éd.), *The Anti-Aesthetic, Essays on Postmodern Culture*, New York, The New Press, 1998.

③ 让-马里·舍费尔为法国当代美学家，巴黎国家科学研究中心主任，社会科学高等研究院艺术和语言研究中心成员。他反对思辨哲学，是少有的继承了英美分析哲学传统的法国学者，故下文说他以分析传统为基础。——中译注

l'esthétique）与阿兰·巴迪欧《非美学手册》之间的相互呼应便是如此。然而，这两种思想却截然相反。舍费尔以分析传统为基础，以便用对审美态度的具体分析来反对思辨美学的惯常手法。思辨美学可能会用艺术的绝对这种浪漫主义概念取代对审美行为和艺术实践的研究，以便解决那个折磨它的虚假问题：知性与感性的调和。阿兰·巴迪欧则从完全对立的原则出发。他以柏拉图式理念的名义，即艺术品就是理念的事件，拒绝将艺术品的真理屈从于一种（反）哲学，这种（反）哲学隐藏在对诗歌感性真理的浪漫主义式欢呼中。然而，前者的反柏拉图主义和后者的柏拉图主义在谴责美学的混乱思维时却达成一致，这种思维混乱源自浪漫主义在纯粹思想、感性情感和艺术实践之间的混乱。他们双方都以一种分离原则来应对这种混乱，让基本要素和不同话语各归其位。面对"哲学的美学"，他们要捍卫（好）哲学的权利，还效仿反哲学家的社会学家的话语，用态度和实践的现实性来对抗思辨的虚幻性。因此，他们都认同主流的观点，这种观点向我们指出：艺术那耀眼的感性表象被关于艺术的话语所吞噬，而话语则倾向于变成这个感性表象的现实本身。

　　人们在基于其他哲学或反哲学之上的艺术思考中也能看到同样的逻辑，例如在让-弗朗索瓦·利奥塔的著作中，对抗观念论美学的是绘画的线条或音乐的音色那崇高的震撼。所有这些话语都如出一辙地批评美学的混乱。同时，不止一种话语向我们指出美学的"混乱"导致的另一个争论焦点：阶级划分的现实与无功利判断的幻象之间的对立(布尔迪厄);诗歌事件与政治事件之间的相似(巴迪欧);至高无上的大他者的冲击,而这个他者与塑造世界的思想的现代主义幻象完全对立(利奥塔);或者对审美乌托邦和极权乌托邦之间合谋的揭露(各种二道贩子的合唱)。概念区隔(la distinction des concepts)与社会区隔(la distinction sociale)不会无缘无故地共用同形词。无论是美学的混乱还是美学的区隔,都明显地涉及一些争论的焦点,这些焦点又与社会秩序及其转型有关。

下文将以一个简单论题来反对这些区隔理论:它们以各归其位的思想所指责的混乱,实际上正是事情的结点,思想、实践和情感借此结点得以建立,并被赋予其领地或"固有的"对象。如果"美学"是对一种混乱的命名,那么这种"混乱"事实上能让我们识别艺术的对象、艺术的体验模式及思考形式,即我们为指责美学而试图分离的东西。解开结点,以便在独特性方面更好地识别艺术实践或审美情感,此时我们也许注定会失去其独特性。

让我们来举个例子。舍费尔想要谴责浪漫主义的混乱,他向我们指出审美行为实际上并不依赖于艺术品及对它的判断。为此他引用了《亨利·布吕拉尔的生活》中的一个小段落,司汤达在书中回忆起童年时最早留有印象的嘈杂声,一些无足轻重的声音:教堂钟声、抽水泵声、邻里笛声。他将这些回忆与中国作家沈复的回忆进行比较,后者追念起儿时在贴近地面的小土砾中看见了丘壑。① 在这些回忆中,舍费尔发现,不同文化中存在相同"审美态度"的佐证,这些"审美态度"与艺术品无关。然而也很容易从中得出相反的结论。司汤达在参与创造一种打破边界——艺术家的生活被当成作品——的文学体裁时,创立了后来被认为是新型小说叙事的典范形式:将琐碎的事件并列在一起,产生一种跨越时间的共鸣,以有别于以往刻意的情节链和有意或无意的效果链。他并不想展示审美态度相对于艺术品的独立性,而是证明一种审美体制(un régime esthétique),在这种体制内,属于艺术的事物与属于日常生活的事物之间的区别变得模糊不清。作家在自传中所插入的水泵的简单声音,也就是被普鲁斯特看作新柏拉图式理念的敲击而奉献的声音,以至于与夏多布里昂笔下的斑鸫的鸣叫融为一体。这也是瓦雷泽②在《电离》③(*Ionisations*)中引入的船舶汽笛的声音。这个声音与音乐的边界在20世纪的音乐中不停地混为一体,正如19世纪时,音乐融入了文学缪斯的领地一样。

　　司汤达的水泵远未揭露出美学理论的"混乱",它恰恰证明了这种理论以自己的方式在努力解释的内容:一方面,古

---

① 实际上,这出自沈复《浮生六记·闲情记趣》,转述与沈复原文略有出入:"余常于土墙凹凸处,花台小草丛杂处,常蹲其身,使与台齐;定神细视,以丛草为林,以虫蚁为兽,以土砾凸者为丘,凹者为壑,神游其中,怡然自得。"显然,沈复指的是蹲下身与花坛齐平,土砾也非鼹鼠丘壑。——中译注
② 埃德加·瓦雷泽(Edgard Varèse,1883—1965)系法裔美国实验音乐家,对机械噪音有着浓厚的兴趣。——中译注
③ 《电离》(1929—1931)以十三种打击乐器为配乐,有些音质模糊有些相对清晰;作品中有两种汽笛声,一高一低。

代经典正在衰落，而经典能将艺术的对象与日常生活的对象分开；另一方面，有意识的艺术生产以及不由自主地受到艺术影响的感官经验形式之间的关系，采纳了一种（更私密也更神秘的）新形式。这就是康德、谢林和黑格尔的"思辨"所记录的东西：在康德那里是"审美观念"与天才理论，被看作是艺术的概念与审美经验的无概念（le sans concept）之间无关联的关系的标记；在谢林那里是艺术的理论化，被看作意识过程和无意识过程的统一体；在黑格尔那里则是美的变形，即由眼神无光的奥林匹亚神灵向荷兰画派绘画中的场景或穆里洛①的小乞丐转变。在得意洋洋地向我们强调1787与1788年小孩的那些感觉时，司汤达也透露出他们思辨的背景：这种新的感性教育，即由噪音和日常生活的琐碎事件形成的教育，也是对年幼的共和主义者的教育。在法国大革命高歌理性统治的时代中，这种教育也是达到了理性年纪的庆祝。

因此，必须反过来看当代反美学话语的论证，以便同时理解美学意味着什么，以及美学之名如今所引起的敌意缘于何故。这个问题概括起来有四点：

美学的"混乱"首先告诉我们：没有普遍的审美行为或审美感知，也就没有普遍的艺术。美学作为话语诞生于两个世

---

① 巴特罗内·穆里洛（Bartolomé Esteban Murillo，1617—1682）为西班牙巴洛克画家，其成名主要在于宗教画，但同时也有许多作品描绘小乞丐，如卢浮宫就收藏了他的一幅布面油画《年轻的乞丐》。朗西埃之所以会对这个画家投入如此大的关注是因为黑格尔在《美学》第一卷中提到了他。——中译注

纪前。正是在这个时代，艺术开始将其尚未确定的特殊性与美的艺术或人文艺术的名册对立起来。事实上，要形成艺术，仅有画家、音乐家、舞蹈家或演员是不够的。要形成审美感知，仅仅愉悦地观看或聆听这些作品也是不够的。要形成艺术，必须有识别它的目光和思考。在这种识别之前有一个复杂的区分过程。一尊雕塑或一幅绘画要被看成是艺术，需要两个看似相互矛盾的条件。首先，作品须被看成是艺术产品，而且不是仅仅根据是否合乎原则或是否与实际相似来进行判断的简单图像。然后还需要被感知为艺术产品之外的其他东西，即某种技艺的有序发挥。例如舞蹈，当它仅仅被看成是宗教或治疗仪式的完成时，那么它就不是艺术。然而当它被看成一种简单的身体技艺时，它也不是艺术。要使它被看成是艺术，还需要别的东西。直到司汤达的时代，这个"别的东西"被称之为故事。对于18世纪的诗评家而言，舞蹈艺术是否属于美的艺术已被归结为一个简单的问题：舞蹈讲述了一个故事吗？事实上，模仿（la mimesis）就是区分艺术家的技艺与工匠及玩耍者技艺的做法。美的艺术之所以被这么命名，是因为模仿法则确定了一种规定关系，也就是做事方式，即制作（une poiesis）——与存在方式，即感受（une aisthesis）——之间的关系，而且存在方式要受到做事方式的影响。这种三方关系的保证者就叫作"人性本质"，它确定了一种艺术识别的体制，我建议称之为再现体制（régime représentatif）。当艺术用其特殊性来取代美的艺术的多样性之时,以及为思考艺术而引出一种被称作美学的话语之时,那就到了结点解开之时,即由生产本质、感性本质和立法本质构成的结点被解开,其中立法本质就是模仿或再现。

美学首先就是这种宣告三方关系断裂的话语,而这三方关系确保了美的艺术的秩序。模仿的终结不是具象的终结。正是模仿法则的终结使生产本质和感性本质相互协调。诗歌将位置让给了音乐,也就是说让位于作品构思与纯感性情感之间无中介的关联,这也是技术装置与内心吟唱之间的直接关系[1],作为费奥迪莉姬(Fiordiligi)歌词灵魂的法国圆号独奏是如此[2],塑造艺术家灵魂的邻人笛子与水泵也是如此。从此以后,制作与感知彼此直接相联,但是在它们理性的差别中彼此相关联。唯一能使它们协调的人性本质是一种已经消失的本质或即将到来的人性。从康德到阿多诺,经由席勒、黑格尔、叔本华和尼采,美学话语除了思考不协调的关系之外没有别的对象。它这般努力陈述的东西,并不是思

---

[1] "但是,通过什么样的魔法药剂才能呈现这夺目的神明显灵?我凝视,但所见仅有一块按数字编成的破烂织物,以一种可被感知的方式,在穿孔的木头上,在用管弦和黄铜丝做成的设备上呈现出来。" Wackenroder, *Fantaisies sur l'art*, tr. fr. Jean Boyer, Aubier, 1945, p.331.(译文有修改).我还在别处评论过这种"显灵"的意义:可参见: Jacques Rancière, "*La métamorphose des Muses*", *Sonic Process, Une nouvelle géographie des sons*, Paris:Editions du Centre Pompidou, 2002. 这一段话中的"数字""木头"等物品的列举让人难以理解,个人以为,可参考朗西埃自己的表述:"音乐是最好的内在性艺术,在音乐中数学的区间(mathematical intervals)以及木头、琴弦和黄铜的声音,有着直接创造将听众包围的理想环境的力量。"因此,可想而知它们分别对应的是木管乐器、弦乐器和铜管乐器。参见: Jacques Rancière, *Mallarmé: The Politics of the Siren*, tr. Steven Corcoran, Continuum, 2011, p.38.——中译注

[2] 这里指的是费奥迪莉姬演唱的莫扎特歌剧《女人心》(*Cosifantutte*,1790)中的咏叹调"心如磐石"(Come scoglio)。

辨头脑中的幻象，而是新的识别艺术事物的矛盾体制。正是这一体制，我建议称之为艺术的审美体制。

这是第二点。"美学"不是一个学科的名称，而是艺术特有的识别体制的名称。这个体制，从康德开始的哲学家们就致力于思考它，但是他们并没有创造它。当黑格尔在其《美学》中将艺术形式的历史罗列为精神形式的历史时，他在作品地位中发现一种矛盾的变化。一方面，考古学的发现将希腊古迹还原到其原有地点和距离中，否定了古典时期所建构的文明希腊。这些发现建立起一种作品的新型历史性，即由相近、决裂和复兴所构建的历史性，以取代进化模式和标准模式，而正是这个标准模式调节着古代人与现代人的古典关系。然而就在同时，革命性的决裂（la rupture）使得绘画和雕塑脱离了它们的功能，脱离了宗教的插图功能或帝王将相的荣耀装饰功能，以便将作品孤立于真实和想象的博物馆空间中。因此，这种决裂加快了新的无差别公众的建构，以取代再现作品的特定受众。革命造成的掠夺和帝国在被征服国家中的掠夺，将各种流派和类别的产品混杂在一起。这种位移的后果就是加强了作品的感性特殊性，损害了它们的再现价值和主题体裁的等级，而作品正是按照这种等级来进行分类和评价的。黑格尔从哲学角度对荷兰画派绘画的价值重估，以及随后其公众和商业地位的提升，意味着对具象主题缓慢侵蚀的开始，这场长达一个世纪的运动把主题推到了画作背后，取而代之的是对绘画动作的突显，以及对绘画材料的呈现。就这样开始了一场将绘画变为记录绘画过程的档案的运动,并导致了下个世纪波澜壮阔的绘画革命。

同样,当谢林将艺术定义为有意识和无意识过程的统一时,他也促成了针对一种视角的颠覆,这种视角产生于从维柯到赫尔德或沃尔夫等人对诗歌的"哲学"感知的飞跃,也产生于一些文化现象,诸如对莪相(Ossian)伪作的痴迷。伟大的诗歌典范既被当作匿名的集体力量的表达,同时也不仅仅被看作艺术根据诗学规则进行的有意识创造。令舍费尔惊讶的是,哲学美学在为艺术欢呼时竟然遗忘了康德曾经强调的东西:针对自然景观的审美行为的重要性。然而这一点从未被遗忘过。自康德以来,美学从未停止过对这种新身份的思考,这种身份将艺术作品当作自然作品来感知,也就是说把艺术当作非人性自然的操作,并不受制于创造者的意愿。天才的观念,即人们想将其与杰出艺术家的神圣联系起来的观念,从反面表达了这种有意识和无意识的对等,而这种对等以多种艺术的完美标准的破产为代价,却使得人们认识和评价艺术作品成为可能。

作为美学开创者的哲学家们并没有发明这种呈现与感知形式的缓慢革命,这一革命为无差别的大众将作品逐一隔离,同时将作品与匿名的力量连接起来:人民、文明或历史。他们也没有发明等级秩序的断裂,正是这个等级秩序确定了什么主题和表达形式值得进入艺术领域。他们也没有创造这种新型写作,即《亨利·布吕拉尔的生活》所证明的由感性琐事构成的写作,这种细微、瞬时和不连续事件的优先性,伴随着普通事与普通人在艺术圣殿中地位的提高才得以实现,这种优先性也是文学和绘画在摄影和电影变成艺术之前的特征。总之,他们没有开创这些关系的重新配置:可写与可见、纯艺术与实用美术、艺术形式与公共生活或日常商业生活形式的关系,正是这些关系决定着艺术的审美体制。他们没有开创这些关系,但他们设想了一种智性体制,使这些关系在其中变得可以思考。他们已经抓住了识别体制的断裂并且将其概念化,而艺术产品将在这个体制中被人们感知和思考;他们也抓住了模仿标准所保证的制作与感知之间对等模式的决裂。在美学的名义下,他们首先抓住和思考一种基本的位移:从此以后,艺术之物将越来越少根据"做事方式"的实用标准来认定,而是越来越多地根据"存在方式"来定义。①

哲学家们曾经以思想的挑战模式思考过这次革命。这是第三点:我们当代人对美学这个术语的谴责将毫不济事。那些最先赋予美学以荣耀的人们也是最早批评它的人们。"已经到了完全摆脱这一表达的时候了,自康德以来,这种表达仍然一再出现在哲学业余爱好者的写作中,即便人们已经充分认识到其荒谬亦然……美学已经变成了一种真正的隐

---

① "美学"在此书中有两种意思:一个是艺术的可见性与可理解性的一般体制,另一个是与这一体制形式相关的解释话语模型。语境和适当的理解力,会帮助读者在下文出现该词的各种情况中确定其意义。

性品质,而在这个无法理解的词语背后,隐藏着许多空无意义的断言和论证的恶性循环,这些早该被揭露无遗。"这个激进的宣言并非出自吹毛求疵的英美分析哲学斗士。它出现在奥古斯特·施莱格尔——那对奇怪兄弟中的兄长——的《文学与艺术讲稿》中,大家都将导致浪漫主义美学和思辨美学致命幻象的主要责任归咎于他①对美学的不满与美学本身一样古老。"美学"一词指的是感性,黑格尔说它并不适合于表达艺术的思想,随后又辩称此是约定用法,为自己重新使用它而开脱。昨日的开脱与今天的指责一样都是多余,词语的不合适是结构性的。美学不是对于"感性"的思考,它是对矛盾的感觉中枢的思考,后者将允许我们在今后定义艺术之物。这个感觉中枢就是已经丢失的人性本质的中枢,也就是行动官能与感受官能之间业已失去的对等标准。而面对这个已经失去的对等标准,取而代之的是一种直接的统一,即纯粹的自愿行为和纯粹的消极性之间无概念的统一。黑格尔说,艺术的起源就是儿童的一个动作:他打水漂是为了改变水面,即"自然"外表的表面,将水面变成体现其单一意志的平面。然而这个打水漂的儿童,他也是具有艺术能力的儿童,其艺术能力产生于邻里声音的纯粹偶然性,产生于毫无艺术性可言的自然嘈杂声和物质生活。人们可以毫无矛

---

① August Wilhelm Schlegel, *Vorlesungen über Schöne Literatur und Kunst*, *Kritische Ausgabe der Vorlesungen*, Paderborn, F. Schöningh, 1989, t. I, p.182 – 183.

盾地思考这个孩子的两面性。① 然而谁要取消这种思考的矛盾，那么他本以为可以因此保留的艺术和审美感受也会被取消。

令事情更为复杂且令思想争论加剧的是，"人性"本质同时也总是一种"社会"本质。这是第四点。再现秩序下的人性本质调整着艺术的规则，以适应感性的法则，同时调节着感性的激情，以适应艺术的完善。但是这种调整与一种分配（un partage）相关，它将艺术品与对尘世尊贵身份的歌颂连接起来，使形式的尊贵与主题的尊贵相称，把不同的感觉官能与不同地位的人相对应。伏尔泰说，"有趣味的人有着与粗人不一样的眼睛、耳朵以及触觉"②，使作品与感性协调的那种本质，也使得作品与感性的分配相协调，这种分配使艺术家各处其位，并且将艺术所关涉的人们与它不关涉的人们分开。在这个意义上，布尔迪厄说得有道理，然而却有违本意。实际上，"美学"这个词说的是这个社会本质随着另一个本质一道失去。而社会学恰恰诞生于重建这种社会本质的

---

① 朗西埃此处所谓的"毫无矛盾"指的是前面所说的自愿行为的积极性与感受行为的消极性，在没有人性本质的协调下也不会形成矛盾。——中译注

② 引自伏尔泰的文章《趣味》，参见：Voltaire, *Dictionnaire philosophique*, Paris, 1827, t. VIII, p.279.(提醒一下大家，这里为了方便才引用的《哲学辞典》其实是个杜撰的文集。《趣味》这篇文章中大部分内容都取自 1771 年的《百科全书诸问题》的第六部分)。《哲学辞典》第一版被称为《袖珍哲学辞典》并未收入"趣味"的词条，后在扩充时加入作者为《百科全书》和《法兰西学院辞典》撰写的条目，朗西埃所指即此。商务印书馆依据初版翻译的中译本无此篇。可参见中译本编后记：伏尔泰，《哲学辞典(下卷)》，王燕生译，北京：商务印书馆，1991 年，第 744—745 页。——中译注

意愿。出于这个原因,对"美学"的憎恨与美学本质上是相同的。布尔迪厄时代的社会学大概已经放弃了社会重组的最初梦想。但是社会学为了科学的利益,继续追寻着从前再现秩序为了社会区隔和诗学区隔的利益而追求的目标:即不同的阶级有着不同的感官。而美学,它是对新型无序的思考。这个无序,它不仅仅是主题与大众等级的混乱,而是艺术作品不再与曾经控制它们的人们相关,正是艺术作品确定着他们的形象,歌颂着他们的荣耀。如今艺术作品与民众的"天才"相关,并且在每个人的凝视中显现他们自己,至少理论上如此。人性本质与社会本质不再相互保证。制作活动与感性情感"自由地"相遇,就像是同一本质的两个方面,这个本质不再是积极的智识比消极的感受等级更高的佐证。这个本质的分裂所产生的沟壑是前所未有的平等诞生的地方。这种平等将被铭刻在历史之中,而作为对失去的交换,历史将承载一个新的希望。黑格尔所说的那位姑娘,那位缪斯的继任者,她只为我们奉献离开树枝的水果,遮遮掩掩的记忆,承载艺术品的生活的"无现实性"(sans effectivité)的记忆。①然而艺术品之所以这样,恰恰是因为它们的世界,即在文化中发展的本质世界,不再存在,或许从来就没有存在过,它只存在于对思想的追溯中。也许有过——或许从未有过——

---

① G.W. F. Hegel, *Phénoménologie de l'esprit*, tr. fr. Jean-Pierre Lefebvre, Aubier, 1991, p.489."缪斯女神的继承人"是让-吕克·南希在《缪斯》(Jean Luc Nancy, *Les Muses*, Galilée, 1994, p.75 - 97)中评论此文的文章标题。

某个希腊的早晨,那时的艺术之果采摘于生活之树。但是在预想的好处消失之时,联结了人性本质与社会本质的整个秩序也会消失,前者为艺术立法而后者决定了各人的位置以及相应的"感觉"。本质的革命统治变成了空梦一场。但是,自行提升为对这个不可能梦想的回应的东西,就是消失本身所承载的希望,就是放弃人性本质与社会本质的协调规则时所承载的希望,即席勒在审美的"自由游戏"中看见的未来人性,即波德莱尔从皮埃尔·杜邦的歌谣里所感受到的"对共和国的无限趣味"①,也即阿多诺在帷幕(le voile)中听见的"生活中不可或缺的新希望",而在马勒《第一交响曲》开篇中掩盖弦乐音色的正是这层帷幕②。

"美学"这个词道出了一个难以理解的特殊结点,这个词形成于两个世纪之前,生成于艺术的崇高与水泵的噪音之间,在掩盖着帷幕的弦乐音色与对新人性的希望之间。美学今日所引起的不满和厌恶事实上总是围绕着两种关系在转:一种是艺术的丑闻,这种艺术在形式上和展览地方面"随便什么"日常用品或世俗生活图像都能被接纳;另一种是美学

---

① 波德莱尔的这句话出自论皮埃尔·杜邦的一篇论文,文中提到波德莱尔认为杜邦诗歌成功的秘密"在于对德行和人类的爱,在于他从诗中不断地散发出来的那种我无以名之的东西,我很愿意把这种东西叫作对共和国的无限的兴趣"。此处中译采用郭宏安译本,参见:《波德莱尔美学论文选》,郭宏安译,北京:人民文学出版社,1987年,第33页。——中译注

② 阿多诺在论述马勒的《第一交响曲》时,曾表示其开篇的和谐被三组低音提琴的低音所打破,而小提琴的高音就像老式蒸汽机发出的汽笛声,他将之比喻为很薄但又编织得很密的帷幕。参见:Theodor Adorno, *Mahler: A Musical Physiognomy*, Chicago: University of Chicago Press, 1992, p.4.——中译注

革命不切实际且具有欺骗性的希望,这场革命企图把艺术形式转变为一种新生活的形式。人们指责美学是艺术变得"随便什么"都行的罪魁祸首,还指责美学已经迷失在哲学的绝对和社会革命的虚假承诺中。我的初衷并非要为美学"辩护",而是努力澄清这个词意味着什么,将美学看作艺术运作的体制和话语的母体,看作艺术精华的识别形式和对感性体验各种形式之间关系的再分配。下文更多地致力于讨论某种方式,即艺术的识别体制与艺术的希望相关联的方式,这种艺术不再局限于艺术或已经不再是艺术。总之,下文将试图说明这一点:作为艺术的识别体制,美学在自身身上是如何承载一种政治或者元政治的。通过分析这种政治的形式及其转变,下文试图理解美学这个词在当下所引发的不满和厌恶。然而问题不在于仅仅理解一个词的意义。跟踪美学"混乱"的历史轨迹,这就是试图澄清另一个混乱,即对美学的批评所保持的混乱,这种混乱将艺术的操作和政治的实践全部淹没在伦理的无区别之中。因此,这里的关键不再仅仅涉及艺术之物,而是涉及如今我们的世界被感知的方式,以及权力确证其合法性的方式。

本书的部分内容源自1995至2001年间在巴黎第八大学及国际哲学学院(Collège international de philosophie)内举办的若干研讨会,另一部分则源自这几年应国内外若干机构之邀所做的研讨会及讲座。某些注释将随书而做。由于篇幅有限，我不能逐一列举所有那些让我有机会设想和修正论题、分析的机构和场合。谨以此书向所有鼓励此项工作的人们，向接纳并讨论这些成果的人们表达我诚挚的谢意。

第一章　作为政治的美学

今天到处流传着同一种判断，即说，我们已经终结了美学乌托邦，终结了这样一种观念，即认为艺术具有激进性，认为艺术可以让集体生存的条件发生彻底改变。这种观念产生了一些广为人知的争论，它指出了艺术的灾难，艺术生来就面临着对社会革命与哲学绝对的错误承诺。暂且把这些媒体上的喧哗的争吵放在一边，我们可以在今天两种艺术的"后-乌托邦"观念之间做出区分。

第一种态度首先是哲学家和艺术史家的态度。这种态度声称，可以将艺术探索及其创造的激进性从新生活的乌托邦中解脱出来，它要么在巨大的极权主义规划中，要么在生活的商业审美化的过程中，让艺术追求和创造与之妥协。那么，这种艺术的激进性就是一种在场（présence）的独特力量，显现（apparition）和刻画（inscription）的独特力量，这种力量将经验和寻常之物撕裂开来。我们往往乐意于从康德的"崇高"概念出发，认为这种力量就是处于超越艺术的巨大的可感的力量的不可化约和异质性的在场。

不过，可以用两种方式来解释这个参照系。第一种方式，在作品独特的力量之下，看到奠定了一种先于所有特殊政治形式的共在(un être-en-commun)。例如，2001年蒂耶里·德杜夫(Thierry de Duve)以"这里"(Voici)为题在布鲁塞尔组织的一次展览，这个展览分为三个部分：我在这里，你在这里，我们在这里。这个布展最关键的地方是被誉为"现代性"绘画之父的爱德华·马奈(Édouard Manet)的一幅油画：这幅画不是《奥林匹亚》(Olympia)或《草地上的午餐》(Le Déjeuner sur l'herbe)，而是他青年时期的一幅画作，基于弗朗西斯科·里瓦尔塔(Francisco Ribalta)的一幅作品之上的《基督之死》(le Christ mort)。基督睁着眼，被上帝之死所复活，将艺术的展现力转变成基督道成肉身的共同力量的替代物。通过同样的展示行为，道成肉身的力量，似乎可以同样转变为唐纳德·贾德(Donald Judd)的平行六面体(parallélépipède)或者约瑟夫·博伊斯(Joseph Beuys)所展示的东德的黄油包，直到菲利普·巴赞(Phillippe Bazin)的一系列婴儿照片，或者马塞尔·布达埃尔(Marcel Broodthaers)的假想博物馆里的文献。

相反，另一种方式激进化了"崇高"的观念，将其作为观念与可感物之间无法弥合的裂缝。正是通过这种方式，利奥塔赋予现代艺术的使命就是去见证无法展现之物(l'imprésentable)的出现。于是，这种显现的独特性就是一种否定性的展现。巴内特·纽曼(Barnett Newman)一道明亮的闪电劈开了幕布上的单色画,或者保罗·策兰(Paul Celan)直白的言说,或者普里莫·莱维(Primo Levi)所说的一个人①,对他而言,一就是这种记录的模式。相反,超先锋(trans-avant-gardistes)绘画中抽象与形象混杂的方式,抑或在艺术作品和商业对象或标记之间难以区分辨识之上游走的各种装置(les installations)的杂烩,代表着美学乌托邦的虚无主义的成就。

这两种视野的共同点十分明显。即基督教词语道成肉身的力量与犹太教禁止再现表达之间的对立,以及圣餐宴(l'hostie eucharistique)与镶嵌画中的燃烧的荆棘丛②(le buisson ardent)之间的对立,这就是艺术形式的独特性(la sigularité)令人眼花缭乱的异质的表现,它需要一种共同的感受。但这种共同性(communauté),是在现代艺术可以与之相联系的解放政治视角的崩溃之上树立起来的。这是一种伦理的共同性,它要求废除所有共同解放的规划。

如果某些哲学家嗜好这种立场,那么今天的艺术家以及在艺术体制下进行专业工作的人员(博物馆主管、画廊主管、策展人和艺术批评家)强烈地持有另一种立场。他们并不将

---

① 普里莫·莱维有一部著名的小说叫《如果这是一个人》(Se questo è un uomo),因此这里的法语"un"应该指的是这个"一个人"的表达。——中译注
② 燃烧的荆棘丛的典故来自《圣经》中的《出埃及记》3:2,"耶和华的使者从荆棘丛里的火焰中向摩西显现。摩西观看,看见荆棘被火烧着,却没有烧毁。"朗西埃在这里的意思说,上帝的使者借助燃烧的荆棘丛,以最模糊,而不是具象化的方式向摩西显现,因而他与在圣餐中道成肉身的十分具体的圣餐包是对立的。——中译注

艺术的激进性和美学乌托邦对立起来,他们的另一种立场试图与二者保持同等的距离。他们用一种变得更恭逊的艺术的宣言取代了前二者,这不仅是在改变世界的能力上的恭逊,也是在创作对象的独特性上的恭逊。艺术不是通过绝对独特的形式去奠定一个共同的世界,而是一种按照业已给出模式去塑造共同世界的重新布局对象和图像的方式,或者针对这个集体环境,去创造更便于改变我们的观看和我们的态度的情景。这些微观情景,随着日常生活的变化而发生细微的改变,用反讽和戏谑模式,而不是批判和控诉的模式去展现,他们旨在创造或重新创造个体之间的纽带,去生产出新的面对和参与的模式。在这里,例如,说艺术原则是关系性的:与利奥塔在观看巴内特·纽曼的油画所体会到的感受①(*l'aistheton*)的彻底异质性的震撼,而皮耶尔·雨夫(Pierre Huyghe)的实践与之相反,没有去创造所期待的广告,而是在一块广告牌上放上了地点及其使用者的巨幅照片。

我并不打算在两种态度之间做个了断。相反我试图考察他们各自证明了什么,以及是什么让这些态度成为可能的。事实上,这两个亮点(éclats)都是在消解了艺术的激进和政治的激进之间的关联而产生的,而使它们联合在一起的

---

① 在亚里士多德的《形而上学》中,他谈到了 *aisthēton*(αἰσθητον)和 *aisthētikon*(αἰσθητικου)。按照亚氏的解释,前者就是一种带有强烈感觉刺激的对象,因此,在这里翻译为感受对象,而后者是能够体会到这种感受的能力,即感受力。实际上,在朗西埃2011年出版的一本书的名字就叫作 aisthesis,在亚里士多德那里(古希腊文为 αἰσθησις),这个词被解释为"感受的概念"或"感受的观念"。——中译注

专用名词就是在今天遭受质疑的美学。因此，与其在两种立场之间二择其一，不如重构一下在艺术与政治之间且让它们得以产生的"美学"逻辑。我的立场基于这两种业已出场的看似反美学、"反乌托邦"艺术的姿态的共同点。相对于那种声名狼藉的乌托邦，后者提供了一种更为恭逊的微观政治形式，有时这种形式与我们政府所倡导的共同体形式"非常类似"。相反，前者将乌托邦与那种同日常生活经验保持一定距离的艺术力量对立起来。然而，这两种立场在重新断定艺术有"共同体"的功能问题上是一样的：它构筑了一个特殊空间，一种新颖的日常生活世界的区分形式。崇高美学将艺术置于走向绝对的大他者的远古遗产的符号之下。但它赋予其一个历史性的任务，将某种主体称为"先锋"主体：与产品的商业上的等价物组成的世界保持绝对距离，去构建一个刻画各种可感物的组织（un tissue）。关系美学拒绝宣称艺术是自主的，以及艺术的梦想就是去改变生活，而是去重新肯定了这样一个根本观点：艺术在于构造各种空间和各种关系，让这些空间和关系从物质上和从符号上重新绘制出共同的领域。场域特定艺术①（l'art in situ）实践，电影向博物馆装置的空间化形式发展，以及当代空间化音乐形式，以及新潮剧院和舞蹈实践，这些东西都有着相同的意义：抹除分属

---

① 场域特定艺术是为了特定地点而创造的艺术作品。艺术家在计划与创造此类艺术作品时把地点的因素纳入考量。场域特定艺术也包括针对特定地点而创造的表演艺术与行为艺术。某些场域特定艺术作品强调在创造时或完成后与在地的居民有所互动。——中译注

于不同艺术的特殊工具、材料、装置的特殊性,在同一个艺术观念和艺术实践之下汇聚在一起,并将之作为一种占领场所的方式,在那里,身体、图像、空间、时间之间的关系都被重新分配了。

"当代艺术"的表达证明了这一点。这个名字所挞伐的和所捍卫的绝不是去服务于今天各种艺术类型的特性化的共同趋势。关于"当代艺术"的诸多论述中,几乎没有人会去谈音乐、文学、电影、舞蹈或摄影。相反,几乎所有这些论述都提出,可以做出如下界定的对象:将来会占据绘画地位的东西,即各种对象、各种照片、各种视频装置、各种电脑,实际上甚至还有表演的配置组合,这些组合将会占据此前看到的挂在墙上的画像的位置。然而,批判这些论述的"片面性"(partialité)是不对的。事实上,"艺术"并不是将各种不同艺术形式统一起来的共通性的概念,它是一种可以让艺术变得可见的装置(le dispositif)。"绘画"不仅仅是一种艺术的名字,它也是一种让艺术可见(visibilité de l'art)的形式的展示装置(un dispositif d'exposition)的名字。恰当地说,"当代艺术"所指涉的是某种装置的专用名称,它占据了同样的地位,也具有同样的功能。

"艺术"的独特性就是某种表现空间的界分,通过这种界分,某些事物像这样被界定为艺术。将艺术实践与普罗大众衔接起来的,正是在物质上和象征上构造出一个专门独立的艺术的时空,去悬搁掉日常生活的感觉经验形式。艺术并非首先是政治性的,因为它所传递的讯息和情感关系到世界的秩序。它是政治性的也并不是因为艺术选择去再现社会结构或社会团体,以及它们之间的冲突和认同。艺术之所以是政治性的,恰恰是因为艺术相对于这些功能保持了一定的间距(l'écart),是因为它用某种方式架构了时间和空间的类型,以及它架构了时间及空间中的人民。的确,我之前提到今天的各种形象,意味着这种政治功能的两种变革。在崇高美学上,与"异质性"被动地遭遇的时空架构,设定了两种不同类型的感受性之间的冲突。在"关系"美学中,不确定的转瞬即逝式状态的架构要求取代感觉,呼唤着从观众的状态过渡到行动者的状态,并对空间重新布局(une reconfiguration)。在这两种情形中,艺术的特殊性在于重新架构一个物质的和象征的空间。通过这种方式,艺术触及政治①(la politique)。

事实上,政治并不是权力的实施和争权的斗争。它是一种特殊空间的布局,它架构了特殊的经验领域,将其中的各种对象呈现为公共性的和属于公共决定的东西,认为主体可以决定这些对象,并对这些对象提出主张。此外,我已经试图说明,在这个意义上,政治就是那个空间中的生存斗争,是关于各种对象是否属于公共之物,主体是否有能力进行公共

---

① 在朗西埃那里,政治有阴性政治(la politique)和阳性政治(le politique),对于朗西埃来说,阴性政治才是真正的政治,即一种真正从民众、没有任何归属的人,以及声音无法被再现,其发声相当于哑然状态的人出发的政治;相反,阳性政治是一种在大体制(Régime)被显现,也被再现出来的政治,它是清晰可见,可以被感觉到的政治。从翻译角度来说,不适宜用阴性政治和阳性政治来翻译,因此,在这里,将阴性政治翻译为政治,而将阳性政治翻译为政制。——中译注

性的言说的冲突斗争。如亚里士多德所说，人是政治性的，因为他拥有言辞，而言辞将正义和不正义置于公众之下，而动物只有表示愉快和疼痛的声音。那么，整个问题就在于谁拥有言辞，只有谁才有声音。一直以来，拒绝将某种人民范畴看成政治存在者的观点，被另一种拒绝将他们口中道出的言辞看成话语的观点所深化。抑或会看到，他们的肉体不能充当时空中的政治事物。柏拉图说，艺人们（les artisans）除了干他们自己的活之外，没有别的时间。这个他们没有时间干"别的"事，这就是人们的集合（l'assemblée）。实际上，他们"没时间"就是很自然地禁止将他们的感受写入到感觉经验的形式中。

一旦那些"没时间"的人，有了时间必须去作为共同空间中的一员，去证明他们嘴里真的说了话，并有能力对公共事务的发声，而这种发声绝不能还原为标志着疼痛的声音，在那一刻，政治就发生了。这种场域和身份的分配与再分配，这种空间与时间，可见与不可见，噪声与言说的划分与再划分，构成了我所谓的可感物的分配格局①（le partage du sensible）。政治就在于对界定共同体之公共事务的可感物进行

---

① 这个概念是朗西埃非常核心的一个概念，它是由政治体制（le régime）决定的，也就是说，政治体制决定了在公共空间中，哪些声音作为话语被听见，而另一些发声只是空间中存在的噪音。同样，对于艺术领域来说，也有一个艺术的审美体制，它决定了什么东西可以被感觉为艺术，而另一些不过是零碎的杂乱无章的痕迹，因此可感物的分配格局就是一种体制的架构，在这个架构中，我们的感觉受到了支配。朗西埃在另一本书对这个概念有更详细的讨论，参看 Jacques Rancière, *Le Partage du sensible. Esthétique et politique*, La Fabrique, 2000。——中译注

重新布局和分配，引入新的主体和客体，让未被看到的东西变得可见，让那些被视为说废话的动物的那些人作为言说者被人们所听到。这个工作涉及创造一种构成政治美学的歧见（dissensus），它绝不是业已出场的权力的形式，也不是本雅明所谓的"政治的美学化"所涉及的大众动员。

那么，更准确地说，美学和政治的关系在于这种政治美学和"美学的政治"之间的关系，换句话说，通过这种方式，让艺术本身变得可见的实践和形式介入可感物的分配和重新布局之中，在那里，它们重新划分了空间与时间，主体与客体，共同之物与独特之物。无论它是乌托邦与否，哲学家们将这个任务赋予了抽象画家们的"崇高"绘画，这些绘画会被孤立地悬挂在一面白墙之上，或者由展览的策展人赋予其以某种装置，或者让关系艺术家介入，以同样的逻辑涉入其中：即悬搁了正常的感觉经验的体系的艺术的"政治"。一方面稳定了异质性可感形式的宁静，另一方面这个行为绘制出一个公共空间。但这两条关系到物质形式和象征空间的构成的路径或许是同一个日常生活布局的两个分支，我们知道，它将艺术的特殊性与某种共同体的存在方式关联起来。

这意味着艺术和政治并不是构成两个永恒彼此分离的实在，在那里，问题在于，要知道它们是否应该设置在彼此关系之中。它们是两种可感物的分配形式，二者都依赖于一种特殊的辨识体制（un régime d'identification）。并不是总会有政治的发生，但总会有权力的形式。同样，并不总是有艺术的发生，但总会有各种诗、绘画、雕塑、音乐、戏剧和舞蹈的形式。柏拉图的《理想国》很好地指出艺术与政治都是有条件限定的。柏拉图排斥诗人的做法，通常被解释为在政治上流放艺术的标志。当柏拉图的行为也流放了政治，恰好是同一个可感物的分配形式将艺人排斥出政治场景之外，在那里，他们所做的是他们工作之外的事情（autre chose）；同时，也将诗人排斥出艺术场景台之外，在那里，他们具体化为他们自身之外的另外角色。戏剧也是同一种可感物分配之下的两种独立形式的集合，也是两种异质性空间的集合，柏拉图为了将他的理想国构筑为共同体的有机生命领域，不得不同时摒弃了二者。

因此，艺术和政治，在它们自身之下，作为一种特殊空间与时间中的独特身体的展现形式而彼此相关联。柏拉图同时排斥了民主与戏剧，以便于构筑一个伦理共同体，一个没有政治的共同体。今天关于用什么来占据博物馆的空间的讨论，或许揭示出现代民主与某个特殊空间的实存之间更深刻的关联形式：人们不再聚集在戏剧演出周围，而是聚集在博物馆更沉寂的空间里，在那里，孤独而落寞的路人遭遇了同样孤独和落寞的艺术作品。或许今天的艺术景象实际上构成了一种存在于为艺术而保留的自主空间与其明确的对立面之间更一般的关系的具体形式：艺术的含义在于构筑共同的生活形式。

为了理解这个明显的悖论：在这个悖论中，艺术的政治性与艺术的自主领域紧密结合在一起，有必要简要回溯一下最早概括内在于艺术的美学体制（régime esthétique de l'art）之中的政治的表述。1795年，在席勒的《审美教育书简》的第十五封信的结尾，席勒构建了一个前奏剧情，以寓言的方式讲述了特别的艺术雕塑及其政治。在所谓的朱诺·卢多维西（Junon Ludovisi）的古希腊雕像前，让我们进入想象之中。他说道，这座雕像，就是"自由表象"（libre apparence），是自我封闭的（close sur elle-même）。对于现代人来说，更熟悉的是克莱门特·格林伯格（Clement Greenberg）著名的"自闭"（self-containment）。但是，席勒的"自我封闭"比现代主义范式显得略微复杂些，现代的"自闭"强调的是作品材料的自主性。在这里，关键问题不在于去肯定艺术家无限的创造力，也不是为了去证明专属于某一特殊媒介的权力。或毋宁说，这里所谓之媒介不是艺术家创作的物质材料。它是一种可感的媒质，一种特殊的不同于我们日常生活感觉经验形式的感觉中枢（un sensorium）。但这个感觉中枢既不是在这里（voici）的圣体下凡，也不是大他者崇高的灵光一现。古希腊雕塑的"自由表象"所展现的就是神，及其"闲散"和"漠不关心"的本质特征，神的特殊属性并不是需要什么东西，不是要从给自己一个目的以及必须实现这些目的的关注中解脱出来。这个雕塑在艺术上的特殊之处在于它参与到神的"闲散"，这种缺乏意志之中。站在这个闲散的女神面前，观众也处于席勒所界定的"自由游戏"的状态之中。

"自由表象"首先倾向于唤醒与现代主义关系密切的自主性,而更欣喜于听到"自由游戏"的是后现代的耳朵。我们知道,游戏的概念在当代艺术的命题和判断中占据着十分重要的地位。在艺术的激进性,以及在艺术拥有改变世界的能力上,它绘制出一条让我们自己与现代主义的信仰保持一定距离的路径。戏耍和幽默,从实践上,被誉为一种吸收了其对立面的艺术类型:一方面是毫无顾忌地娱乐(le divertissement)和保持批判性的距离,另一方面,是大众娱乐和情境主义的漂移(la dérive)。不过席勒的出现不可能让我们与祛魅的游戏视野保持更大的距离。席勒告诉我们,游戏就是人的本性:"只有当人游戏时,他才完全是人。"[1]而他热衷于宣告这个明显的悖论"将可以承担起审美艺术以及更为艰难的生活艺术的整个大厦"[2]。如何理解这种"无顾忌"(gratuite)游戏行为同时可以奠定专门的艺术维度上的自主性,以及构建一种新的集体生活形式。

让我们从头开始。建立艺术的大厦意味着界定一个辨别艺术的体制,也就是说,在可见性的实践、形式与某种可认识的模式(这种模式可以让我们识别那些产品可以被认为属于艺术或某一门艺术)之间的特殊关系。同一个女神的雕像,可以是艺术的,也可以不是艺术的,或者说,依照理解它

---

[1] 席勒:《审美教育书简》,冯至译,上海:上海人民出版社,2003年,第124页。——中译注
[2] 席勒:《审美教育书简》,冯至译,上海:上海人民出版社,2003年,第124页。——中译注

的不同体制,它可以被理解为是艺术的。首先,需要一种体制,在这个体制下,这样一尊雕像被视为神的形象(image),于是,对雕像的感知以及随之而产生的判断都依从于如下这些问题:我们能塑造神的形象吗?这里所描绘的神是真的神吗?若真如此,它是否描绘的是神应然之形象?在这个体制下,恰当地说,没有这样的艺术,相反只有从它们的内在固有的真理,以及对个体存在和集体存在的方式产生冲击的形象。这就是为什么我提出这个让艺术难以区分的体制,就是一个各种形象的伦理体制。

　　接着,还有一种体制让石头女神从关于神的真实性的判断下解放出来,神的真实形象是被勾画出来,这种真实性就是描绘上的忠实性。这种体制将女神雕像与类似的君王故事放在一个专门的范畴之下,即模仿(imitation)的范畴。那么朱诺雕像成为一个艺术作品,这个雕塑,有两个理由称得上这个名称:首先因为它为特殊的材质附加了一个形式,其次,它实现了一种再现——即它架构了一个有板有眼的表象,这个表象将对神的想象性特征与女性的原型形象结合起来,将雕像的纪念意义与带有专门特征的特别的女神的表达方式结合起来。这个雕像就是一个"再现"。通过表达习惯的格式,可以看到,它决定了在雕刻师以其技能将原材料雕琢成器的过程中,按照恰当的表达形式来赋予其恰当的外形的艺术能力相一致的方式。我将这种辨识的体制称之为艺术的再现体制。

席勒的朱诺雕像，正如巴内特·纽曼的《人、英雄、崇高》(le *Vir Heroicus Sublimis*)一样，都是艺术的装置和表现，它们属于同一个体制，我称之为艺术的美学体制。在这个体制中，朱诺的雕像并没有从雕刻师与某个充分观念或某个再现规则的一致性中区分出它作为一个艺术作品的特殊属性。它让自身不再从属于某种专门的感觉中枢。艺术的属性所参照的并不是如何创造的模式的区分，而是其存在模式的区分。这就是"美学"的意义所在：在艺术的美学体制中，艺术的属性不再是有某种技术上完美的标准所赋予的，而是归属于一种专门的感官理解的形式。这个雕塑是一个"自由表象"。因此，相对于再现型雕塑，这个雕塑有两个方面的不同：它并不是从可以充当起原型的现实中得出的表象。它也不是负载在被动材料之上的积极形式。作为一种感官形式，它完全不同于这些二元性所告诉我们的我们日常生活中的感官经验形式。它降临在一种特别的经验之中，不仅悬搁了日常生活之中表象与现实之间的关联，也悬搁了日常的形式与材料、主动与被动、理解和可感性之间的关联。

这种新的可感物分配的形式，就是席勒用"游戏"一词所把握的东西。在最低程度上，可以这样来定义，游戏是那些仅将自身作为目的，并不打算获得凌驾于事物或人之上的有效权力的活动。在康德对审美经验的分析中，曾系统化概括了传统意义上的游戏，实际上，这种概括就是两个方面的悬搁：一是对理解的认知能力的悬搁，这种认知能力按照其范畴来决定可感的材料；二是相应地对感觉能力的悬搁，这种感觉能力需要一个欲望的对象。能力上的"自由游戏"——认知的和感觉的——不仅是一种无目的的活动，它亦是一种等同于不活动（l'inactivité）的活动。从一开始，游戏者所实施的"悬搁"，与日常生活经验相比，与另一种悬搁相关，即在"闲散"的作品表象面前悬搁了自己的能力，这个作品，如同女神一样，将它的史无前例的完美归功于这一事实，即从其外表之中，意志消退了。总之，"游戏者"在本身就不做什么事情的女神面前站立而不做任何事情，雕刻师的作品本身，在这种惰性的活动中变得十分专注。

　　为什么这种悬搁同时奠基了一种新的生活的艺术，以及一种新的"共同生活"的形式？换句话说，在这种体制中，某种"政治"何以正好与对艺术的专门界定是同质同构的？在最一般的形式下，可以这样来回答这个问题：它通过让它们归属于不同于主流支配的感觉，界定了艺术之物。在康德的分析中，自由游戏和自由表象悬搁了凌驾于材料之上的形式的权力，悬搁了凌驾于感性之上的理智的权力。席勒在法国大革命的背景下，将康德的哲学命题翻译为人类学和政治学的命题。凌驾于"材料"之上的"形式"的权力，成为凌驾于感知层之上的理智层的权力，凌驾于自然人之上的文化人的权力。如果美学"游戏"和"表象"奠定了一个新的共同体，那么这是因为它们在可感物之内，代表着对认知形式与可感材料之间的对立的驳斥,恰当地说,这也是两种人性之间的差异。

唯有当人以自己的意义进行游戏时,那个人才是真正的人。游戏的自由对立于受奴役的创作。与之相对应,自由表象也对立于将表象局限于某种现实的约束。这些范畴——表象、游戏、创作——都是可感物的分配的专门范畴。事实上,它们所描述的就是在日常生活感觉经验的组织中起支配的各种形式,以及平等的各种形式。在柏拉图的理想国中,像艺人一样,模仿者(le miméticien)在自由游戏中被剥夺了"自由表象"的权力。如若没有一个用于作为判断标准的现实的话,他们就没有表象,游戏与创作的严肃性的和谐共存不再是没有代价的。这两个规定是严格地彼此联系在一起的,它们一并界定同时排斥了艺术和政治的可感物的划分格局,并让位于共同体的直接的伦理导向。更一般地说,统治支配的合法性通常是基于不同人性之间的明显的可感性区分之上。我曾引述的伏尔泰的论断:俗人绝不会与雅士有着同感(Les gens du commun n'ont pas les mêmes sens que les gens raffinés)。于是在这里,精英的权力就是凌驾在粗野感觉之上的有教养的感觉,凌驾于消极性之上的积极性,凌驾于感知之上的理智。感觉经验的形式本身就负责从功能上和地位上辨识出差异,将之作为自然本性上的差别。

美学上的自由表象和自由游戏挑战的就是这种可感物的分配格局,这个分配格局在统治支配的秩序之下,发现了两种人性之间的差别。两种观念都宣扬了感觉(le sentir)上的自由与平等，1795年，它们与那些在法国大革命时期致力于实现"法律统治"的人是对立的。事实上，法律统治仍然等于是凌驾于奴役的材料之上自由形式的统治，凌驾于普罗大众之上国家的统治。在席勒的评述中，大革命转向了恐怖，因为它仍然坚持这样一种模式，它仍然用积极的理智能力去限制消极的感觉物质性。那么，美学对凌驾于物质材料之上的形式，以及对凌驾于消极性之上的积极性的优先地位的悬搁，让其自身变成了一个更为深刻的革命原则，即可感物实存本身的革命，它不再是国家的各种形式的革命。

因此，像经验的自主形式一样，艺术也触及了政治上的可感物的分配格局。艺术的美学体制以某种方式架构了艺术的辨识形式与政治共同体的形式之间的关系，借此进一步挑战自律艺术与异质性艺术之间，为艺术而艺术与为政治服务的艺术之间，博物馆艺术与街头巷尾的艺术之间的全部对立。美学上的自主性，并不是现代主义曾膜拜过的那种艺术"创作"的自主性。它是感觉经验形式的自主性。这种经验，显现为一种新人性，一种个体与集体生活的新形式的萌芽。

这样，在艺术的纯粹性与艺术的政治化之间就不存在冲突了。而离我们两个世纪之前的席勒却证明了相反的东西：正是通过艺术的纯粹性的作用，艺术的材质可以将自身作为不同的共同体的架构下的预期之内的材质。如果所谓的抽象绘画的纯形式的创作者可以让他们自己变成新苏联生活的艺人，那绝不是通过在环境上屈从于某个外在的乌托邦而达到的。画布上非形象的纯粹性所没有指出的东西——它获得了超越三维幻觉的平面构成——就是我们试图让其指出的东西：绘画艺术仅仅集中关注其材质。相反，它标志着让一种新的绘画行为归属于一个表面/界面，在那里，纯粹艺术和应用艺术，功能性艺术和象征性艺术融合在一起；在那里，装饰性的几何学变成了内在必然性的符号；在那里，线的纯粹性成了生命的新的装饰（un décor noveau de la vie）的构成性工具，它本身就很容易变成一种新生命的装饰（décor de la vie nouvelle）。最典型的纯诗人马拉美，为诗歌分派了一个任务，即去组织出另一种关于共同关系的地貌形态（topographie），为"未来的节日"做好准备。

在纯粹性和政治化之间不存在冲突。但我们必须注意要理解"政治化"是什么意思。美学教育和经历并没有承诺，会支持以艺术的各种形式来进行政治解放的事业。它们的政治就是专属于它们的政治，这种政治将它自己的形式与那些由不同的政治主体带有歧见地介入所建构的政治对立起来。那么，这种"政治"，实际上应当被称之为元政治（métapolitique）。一般来说，元政治是旨在通过改变情景来终结各种歧见的思想，从民主的表象和国家的形式过渡到地下运动的亚-情景（infra-scène）和组成这些运动的具体力量。一个多世纪以来，马克思主义代表着元政治的最高形式，它将政治的表象还原为生产力和生产关系的真理，它并不只是带来国家形式的变革，相反，它许诺带来物质生活上的生产方式的革命。但就其自身而言，只有在革命的观念发生革命之后，即只有在与国家革命形式相对立的感性生存的革命观之中，生产者的革命才是可以想象的。生产者的革命是审美的元政治的一种特殊形式。

艺术的纯粹性与这种政治之间没有冲突。但在纯粹性自身中，在预示了另一种公共大众的格局的艺术的物质材料的概念中，存在着冲突。马拉美也证明了这一点：一方面，诗是异质性的可感模块的连贯性。它自身是一个封闭整体，它在材料上驳斥了报纸"自我类似"和"统一的墨水斑迹"的空间。另一方面，诗又具有行为上的不连贯性，这种不连贯性播撒在构筑公共空间的行为之中，类似于国庆节的焰火表演。这是共同体的典礼，它可以与古罗马的剧场和基督教的弥撒相媲美。那么，一方面，即将来临的集体生活被封存在艺术作品的抵抗性整体之中，另一方面，在一个转瞬即逝的、草绘出了另一种不同的公共空间的运动中，它得以实现。

如果在为艺术而艺术的艺术与政治性的艺术之间没有矛盾，这或许是因为寓于更深的地方，在于审美经验及美学"教育"的最内核处。在这一点上，我们再一次看到，席勒的文本澄清了辨识艺术和政治的整个体制的逻辑，在今天，这个逻辑被崇高的形式艺术与更恭逊的行为艺术和关系艺术之间的对立所传递出来。席勒作品中的场景让我们看到对立的两极何以被包含在同一个原初的内核之中。事实上，一方面，自由表象就是异质性的可感因素的力量。这座雕像，像神一样,坚守着对立的主体,那个闲散的主体,它异于所有的意志,异于所有目的和手段的结合。它是自身的闭锁,也就是说,对于思想、欲望以及主体对其沉思的目的而言,它是不可触及的。只有通过这种相异性,通过这种绝对的不可触及性,它才承担起人的全部人性,以及那个未来将会出现的人性的承诺,最后,人将会与其本质的圆满协调一致。审美经验的主体不可能最低限度地拥有这座雕像,它许诺了将会拥有一个新世界。而美学教育,作为对政治革命的补偿,就是通过对自由表象的异质性,通过它所赋予的非拥有型的和消极的经验而获得的教育。

然而,从另一个角度来看,雕塑的自主性属于业已在其中表达出来的生命模式。闲散的雕塑的态度,它的自主性,实际上就是一个结果:它就是这里所讨论的共同体的态度的表达。它之所以是自由的,正是因为它是自由共同体的表达。唯有如此,自由的意义才得以翻转:一个自由的、自主的共同体就是这样的共同体,它的生活经验不再被划分为诸多分离的领域,在日常生活、艺术、政治和宗教之间不再有任何分离的经验。在这种逻辑之下,古希腊的雕塑就是为我们而生的艺术,因为它并非为其创作者的艺术,因为在雕刻它的时候,创作者并未完成一件"艺术作品",而是将石头中,传递了共同体的共同信念,将之等同于其存在的方式。那么,自由表象的悬搁所许诺的,就是一个这样的共同体,它也不再会有各种分离的经历,再将艺术体验为生活中的一个分离的领域。

于是，这座雕像承载着政治上的许诺，因为它就是特殊的可感物的分配格局的表达。但这个分配格局可以用两种对立的方式来理解，如何理解取决于解释这种经验的方式：一方面，这座雕像是一个共同体的许诺，因为它是艺术，因为它是特殊经验的对象，故而架构了一个专门独立的公共空间；另一方面，它是共同体的许诺，因为它并不是艺术，因为它所表达的东西是寓居于一个公共空间之中的方式，一种完全没有将其划分成诸多不同的特殊经验维度的经历的生活方式。所以，美学教育就是将孤立的自由表达转变为活生生现实的过程，以及将审美上的闲散转变为生活共同体的行动的过程。席勒的《审美教育书简》的结构证明了理性之中的这种转变。此书的第一部分和第二部分坚持捍卫表象的自主性，必须要保护材料的"被动性"，让其不受专断理解的影响，第三部分则相反，描述了文明化的历程，审美的愉悦被等同于人类意志相对于物质材料的支配地位，而这被思考为对它自己行为的反思。

在艺术的美学体制下，或者毋宁说在元政治之下，艺术的政治是由这样一个奠基性悖论所决定的：在这个体制中，艺术之所以是艺术，是因为它也是非艺术，它也是不仅仅是艺术的东西。所以，我们无须为现代性设计一个可怜的终结，或无须去想象，后现代的欢快的突飞猛进业已终结了艺术的自主性或通过艺术去解放的伟大的现代主义的历险。

根本不存在后现代的断裂。那里只有一个最原初的且不停地在起作用的矛盾。作品的孤独承载着解放的许诺,但这个诺言的实现等于是消灭了作为独立现实的艺术,避免让艺术转变为生活的形式。

因此,在这个基本内核的基础上,美学"教育"分裂为两种形象,这可以在哲学家所捍卫的抽象作品的崇高裸体,以及艺术家和今天的展览策展人所主张的新议题和对关系的新解释类型中得到证明。一方面,的确有一个美学革命的计划,在其中,艺术,通过抹除了它作为艺术的差别,变成了一种生活形式。另一方面,作品存在着抵抗的形象,在其中,政治许诺不仅通过艺术形式与其他生活形式的区分,也通过这种形式自身的内在矛盾,消极地保存下来。

美学革命所描绘的场景,就是提出将美学对统治的支配性关系的悬搁,转变为没有统治的世界里的生成性原则。这个命题导致了两种类型革命的对立:反对作为国家革命的政治革命,在国家革命中,两种人的区分事实上是被翻新了,而它肯定的是作为感觉的共同体的形式的革命。这个简明扼要的表述总结了由黑格尔、谢林、荷尔德林一起写就的著名文本《德国唯心论最早的体系规划》(*Plus ancien programme systématique de l'idéalisme allemand*),在这个规划中,死气沉沉的国家机制与由可感的观念的具体化所滋润的鲜活的共同体的力量形成了鲜明对比。死与生的对立太过简化,事实上,它导致了两方面的消灭。一方面,它导致了政治的"美学"的消逝,例如,政治歧见性的实践,反而在一个"意见一致"的共同体的形式中颁布出来,这并不是一个所有人都一致赞同的共同体,而是作为一种感觉的共同体来实现的共同体。但要这样的共同体产生,"自由表象"必须变成其对立面,即征服人们内心的活动,它消除了审美经验中的自主性,将所有可感的表象都转换为它自己自主性的宣言。《德国唯心论最早的体系规划》中"美学教育"的任务是让观念变得可感,将它们转化为古代神话的替代品,换句话说,转化为鲜活的经验和所有精英和俗众都共享的共同信仰的组织。因此,在本质上,"美学"规划就是元政治,它提出在真理上和在可感秩序上,承担起这个任务,政治只能在表象和形式的秩序中才能完成这个任务。

我们知道:这个规划不仅界定了一种美学革命的观念,也简明扼要地界定了革命是什么。马克思没有机会读到这个规划的原稿,他在半个世纪之后,将之精准地转变为一种革命的场景,它不再是政治性的革命,而是人的革命,再说一遍,这个革命,通过消灭哲学,并让人拥有了某种东西(而此前,他只拥有它的外表假象)从而实现了哲学。同样,马克思所提出的是全新而持久的对审美的人的认识:我们知道,这是生产的人,这样的人不仅生产出生产对象,也生产出让他们得以产生的社会关系。这种认识成为二十世纪二十年代马克思主义的先锋队与艺术上的先锋运动的结合,因为每一方都坚持同样的规划:在架构生活形式和新生活的大厦时,一起来消灭政治上的歧见和美学上的异质性。

然而,将美学革命的形象简化为"乌托邦"和"极权主义"的灾难实在太过简单。"艺术成为生活"的计划不限于让艺术的"消失"的程序,一段时间之前,苏联革命的建构主义的工程师和至上主义的或未来主义的艺术家们宣告了这个计划。它与艺术体制是同质同构的。在中世纪的手工艺人和手工行会的梦想中,在工艺美术运动(le mouvement Arts and Crafts)的艺术家之中,这种精神已经被激发出来。这种梦想在装饰艺术运动的艺人们那里再一次被追求,在他们的时代里,他们高呼去作为"社会艺术"[1](l'art social)的生产者,正如"德国工业同盟"(Werkbund)和包豪斯(Bauhaus)的工程师与建筑师们那样呼唤着,他们早于情境主义的城市规划师们和约瑟夫·博伊斯"社会塑形"(la plastique sociale)让乌托邦计划再一次繁荣起来。但这也让那些尽可能远离革命规划的象征主义艺术家们感到难堪。尽管存在着差异,不过马拉美的"纯粹"诗歌与"德国工业同盟"的工程师们共享了同一种艺术观念,即通过压制其独特性,有可能生产出一种共同体的形式,它最终的出路在于民主形式主义的表现[2]。在这里,并没有极权主义的塞壬之歌,有的仅仅是一个矛盾的宣言,它属于根植于美学创作本身的规则上,根植

---

[1] 参看 Roger Marx, *L'Art social*, Eugène Fasquelle, 1913.
[2] 对于这个趋势,我参考了我的文本"设计的表面"(La surface du design),收录于《图像的命运》(*Le Destin des images*)。(中译本参看张新木、陆洵译,南京:南京大学出版社,2014年,第123—142页。——中译注)

于暗含在"闲散"表象的独特性和将表象变为现实的行动之间的最初的关节上的元政治之中。除非以废除这种悬搁，废止将形式转变为生活形式为代价，这种审美的元政治才能实现它在审美悬搁中去发现鲜活真理的许诺。在这个方面，我们可以思考一下马列维奇（Malevitch）在1918年提出将苏联的创立与博物馆的作品对立。我们或许可以想象，他努力设计一个综合性空间，在那里，绘画和雕塑不再展现为各自分离的对象，而是直接被规划纳入生活之中，这样，就消灭了作为"某种与我们周遭环境有所区别的东西，那种真正的可塑性的实在"①的艺术。或者我们可以再次思考一下居伊·德波（Guy Debord）用来反抗——资本主义或苏联式——生活的总体性的城市漂移和游戏类型，一种在景观之王（le spectacle-roi）形式下的异化。在所有这些情形中，自由形式的政治需要作品去实现自身，即它在行动中消除自身，它消除了可感的异质性，而这种可感的异质性奠定了美学的许诺。

在行动中对形式的压制，就是拒绝了对于艺术的美学体制而言的另一种伟大的"政治"形象：抵抗形式的政治。通过与所有介入到平庸世界之中的形式保持距离，这种政治形式肯定了它自己的政治性（politicité）。艺术并不必须要成为一种生活形式。相反，在艺术中，生活采取了它自己的形式。席勒的女神之所以承担了许诺，是因为她是闲散的。正如阿

---

① Piet Mondrian, "L'art plastique et l'art plastique pur", Ch. Harrison et P. Wood(éd.), *Art en théorie*. 1900—1990, Hazan, 1997, p. 420.

多诺会回答说，"艺术的社会功能就是不具有功能"。平等的许诺，在于作品的自足性，在于对所有的特殊的政治计划漠不关心，在于它拒绝为平庸的世界粉饰太平。十九世纪，正是由于这种冷漠，一种由唯美主义者福楼拜所撰写的空洞无物的作品，一种"仅依赖于自身"的作品，直接被当代等级制度的倡导者们想象为"民主"的展示。这种作品不欲求任何东西，这种作品没有任何观点，它不传递任何讯息，它既不关心民主，也不关心反民主，正是由于它的冷漠，这些作品才成为"平等主义"的作品，它悬搁了所有的倾向，所有的等级制。下一代人会发现，通过将艺术感觉彻底地与日常生活中的审美化的生活区别开来，这种作品就具有了颠覆性。因此，在通过不让自己成为艺术来缔造政治的艺术类型与在坚守自身纯粹性，避免任何形式的政治上的介入而成为政治的艺术类型之间形成了对立。

正是这种与作品的冷漠紧密相关的政治性类型，整个政治上的先锋主义传统变得越来越中立化。这种传统努力通过区分出两者之间的距离，而将政治上的先锋主义与艺术上的先锋主义汇聚在一起。它的程序可以归纳为战斗口号：拯救作为艺术自主性核心，并构筑潜在解放的可感物的异质性。我们要从两个威胁之下来拯救它：不让它变成一个元政治的行为，也不让它被审美化的生活形式所吸收消化。阿多诺的美学概括出这个要求。作品在政治上的潜质，与它彻底同审美化的商品形式和行政化的世界的形式分离开来紧密相关。但这种潜质并不仅仅在于作品的孤立性,而且也在艺术的自我肯定的激进性之中。这种孤立艺术所赋予的纯粹性就是内在矛盾的纯粹性,内在不谐的纯粹性,通过这种不谐,作品见证了这个不和谐的世界。正如阿多诺所概括的那样,勋伯格作品的自主性,事实上就是两个方面的异质性:为了谴责资本主义的劳动分工,以及谴责对商品形式的美化,作品就必须比资本主义消费下的大众产品更加机械化,更加"非人"化。但反过来,这种非人性导致了被压制的东西的迹象出现,这样,通过回想起那些奠基作品的东西,就扰乱了自主性作品的美妙的技艺上的安排:资本主义的工作和娱乐的分离。

在这种逻辑下,解放的承诺被保留下来,这样做的代价是导致了对所有和谐的一致拒绝,或者保留了作品的歧见形式与所有日常生活经验的形式之间的鸿沟。作品政治性的形式带来了一个非常严重的后果。它要求所有审美上的差异,即这个承诺的守护者,建立在作品自身的感觉性组织之上,因此,它以某种方式重构了伏尔泰的两种感性形式之间的对立。正如阿多诺所说,我们再也听不到十九世纪时在沙龙中魅力无限的减七和弦(Les accords de septième diminuée),"除非一切都是假的"①。如果我们的耳朵仍然可以愉快地倾听这种旋律,那么美学的许诺,以及解放的许诺,都被证明是谎言。

---

① Theodor Adorno, *Philosophie de la nouvelle musique*, Gallimard, 1962, p.45.

然而,有朝一日,我们真的必须去面对这样一个明显的事实,即我们仍然可以听到它们。同样,我们可以在同一块画布上看到形象绘画和抽象绘画混合交织在一起,或者让艺术借用和重现展示日常生活的对象。一些人希望看到一种彻底决裂的标记,而这个决裂的专用名词是后现代。在时间序列上,现代与后现代莫名其妙地被定位为对立的两个元素,而它们之间对立的张力又激发了整个艺术的美学体制。这个体制完全靠对立的二者间的张力过活。奠定了自主实在的纯粹艺术的审美经验的自主性,在这里,伴随着对所有将艺术与非艺术,将孤寂的作品与集体生活形式区分开来的实用性标准的消除。根本没有什么后现代的决裂,只有一个"非政治性的政治"(apolitiquement politique)的作品的辩证说辞。此外,那里也有一个将自身计划隐藏起来的极限。

这就是由于在政治上脱离于政治意志而产生的自主性/异质性作品之间的界限,而利奥塔的崇高美学证明了这个界限的存在。分配给艺术先锋的任务还包括追溯一个可感的边界,这个边界将艺术作品与商业文化产品区分开来。但这个追溯的意义是倒置的。艺术家们所要刻画的不再是带有承诺的矛盾,即劳动和娱乐的矛盾。艺术家们要绘制的是感受上的震撼,见证了心灵与那种无法挽救的异在(altérité)之力的精神的分离。作品中可感的异质性不再兑现解放的承诺。相反,通过证明心灵不可避免地依赖于寓居在心灵之中的大他者(l'Autre),来说明所有这样的承诺都是不正确的。

刻画了世界的矛盾的作品之谜，成了大他者权力的纯粹验证。

于是，抵抗形式的元政治倾向于在两种立场中来回摇摆。一方面，它认为抵抗同那种为保留与构成它的所有凡俗事务完全不同的艺术在物质上的独特性而斗争是一样的：那些凡俗事务包括公众的商业性展览；以及变成了工业企业牟利的文化产品；旨在让艺术更接近于不同于艺术的社会组织的教育；以及那种试图将艺术整合到某种"文化"中的企图，进一步将之割裂为不同社会的、种族的或性别的组织文化。这样，艺术在与文化进行战斗，在展现的同一边，矗立的是反"社会"的"世界"，反文化产品的艺术作品，反图像的事物，反符合的图像，以及反拟像的符号的堡垒。这些谴责可以容易联合成同样的政治态度，它们需要重建共和制风格的教育，以之来对抗知识、行为和价值形式的民主的腐化（la dissolution）。它们预先就坚持在艺术与生活，符号与事物之间存在着模糊的边界，它提出对当代的动荡，要进行全球性的否定判断。

但与此同时，这种带有嫉恨的对艺术的捍卫，只是证明了大他者的权力，忘却了大他者，就会冒着不断地陷入灾难的风险。先锋艺术的开拓者们沦为了守护受难者和活生生地保留对大灾难的记忆的哨兵。在这里再说一遍，正是在这一刻，抵抗形式的艺术完成了自身，它被隐匿了。这样，它不再是感觉世界的革命性的元政治的一部分，而仅仅是将艺术创作等同于伦理上的见证,隐匿,再说一遍,这既是对艺术的隐匿,也是对政治的隐匿。审美异质性在伦理上的堕落,是与整个当代思想的潮流一起堕落的,在当代思想中,政治上的歧见也堕落为例外状态的源-政治①(archipolitique),在当代思想中,所有的统治形式和解放形式都被还原为本体上的灾难的全球性本质,而只有一个上帝能拯救我们。

因此,我们必须认识到,无论是在现代和后现代的线性发展的背景下,还是在为艺术而艺术与从事艺术之间的学术对立中,都是两种美学的政治之间的最初和永恒的张力关系:艺术变成生活的政治与抵抗形式的政治之间的对立。前者将审美经验形式等同于另一种生活形式。它归之于艺术的目的在于建构一种新的共同生活方式,于是拒绝让自己充当一个分离的实在。而后者恰恰相反,将审美经验的政治性许诺封闭在艺术的分域之中,拒绝所有让自己的形式变成生活方式的转变。

这种张力并非来自艺术与政治的不幸嫁接。实际上,两种政治都暗含在同一种形式之中,即通过这种形式,我们将艺术看成某一特殊经验领域的对象。然而,由此而言,这绝

---

① Archi 的词根 arche 来自希腊语的 $\alpha\rho\chi\eta$,意思是"起源"和"开端",在古希腊哲学那里,它作为事物的原始的根本对事物发挥作用。以 arche 构词的词汇极多,如 anarchie(无政府)代表无(an)-起源(arche),monarchie(君主制)代表一个(mon)-起源(arche),hiérarchie(等级制)表示上面(hier)-起源(arche),因此,在这里,朗西埃生造的这个词 archipolitique 实质上表达的就是这种以某种起源的模式来框定政治的形式,所以中文翻译为源-政治。这里朗西埃谈到的 une archipolitique de l'exception 有明显针对阿甘本的"例外状态"下的绝对政治意图。——中译注

不意味着必须得出结论说,用"美学"来搞艺术是一个要命的骗局。重说一遍,若没有将像这样的艺术定为艺术的可见的和可传播的特殊形式,就不会有艺术。美学就是这样一种分配格局。两种政治之间的张力威胁到艺术的美学体制的生存,但它也让其发挥作用。将这些截然对立的逻辑,以及可以将二者均加以消除的极点(le point extrême)隔离出来,这绝不是强迫我们宣布拥有另一种政治的、历史的、乌托邦的结局的美学终结了。但它可以帮助我们用于衡量那个如此明显而单纯"批判艺术"计划的悖谬的界限,这个计划,在作品形式下,要么沦为对统治的阐释,要么是这个世界和未来可能世界之间的比较。①

---

① 这一章以及下一章的内容要感谢 2002 年 5 月当代艺术博物馆(le musée d'Art contemporan)在巴塞罗那举办的"美学与政治"研讨会。这两篇文字也要感谢 2001 年在康奈尔大学的批评与理论学院举办的同名研讨会。

第二章　批判艺术的问题与变革

在最一般的表述上，批判艺术是这样一种艺术，它要引起对统治机制的关注，并将观众变成有意识改变世界的行为人。我们也非常清楚，这条道路如履薄冰。一方面，就其自身而言，理解无助于改变知识态度和情境。被剥削的人很少会要求对剥削的法律作出解释。被统治者也不会因为他们误解了天下大势，就不会继续受奴役，他们受奴役是因为他们没有转变当下局势的信心。如今，这样的能力感觉到，被统治者已经在参与一场政治运动，这场运动正在改变现有的可感物的布局，正在从现存的这个世界之中建构一个即将来临的世界的形式。另一方面，艺术作品"做出理解"（fait comprendre）并消解了表达，通过这样，它杀死了抵抗表现的奇异性，正是这种奇异性，证明了这个世界是非必然的或令人无法容忍的。由于它要求观众去发现隐藏在日常生活对象和行为背后的大写资本的符号，批判艺术有着被钉死在世界的永恒性之上的风险，在世界之中，因解释性符号的过剩，事物向符号的转变被加倍了，而这也导致了事物失去了抵抗能力。

一般来说，批判艺术的恶性循环被看成美学和艺术无法结合在一起的证据。更为正确的说法是，要看到它们之间关联方式的多样性。一方面，政治不可能是跟随某种关于万物状态的"美学"救赎的行为领域。它有着自己特殊的美学：换句话说，它有着自己对场景和角色，对证明和陈述表示异议的模式，这让政治不同于艺术的创造，甚至与艺术的创造相对立。另一方面，美学本身也有自己的特殊的政治：它位于牺牲自己并成为生活的艺术逻辑，与表达出生活的前提，但对生活无动于衷的方式而涉入政治的艺术逻辑之间。批判艺术的困难并不在于它必须去协调艺术与政治之间的关系，而是在于它要去协调两种不同的美学之间的关系，由于它们都属于美学体制的逻辑，因而它们彼此相互独立地存在着。批判艺术必须协调位于将艺术推向"生活"的美学，同与之相反的将审美的感觉从其他感觉经验中独立出来的美学之间的关系。它必须借助某种关联，这种关联从艺术及其他领域之间的晦暗不明的地带中培育出政治上的识别度。从艺术作品中，它必须要借助其可感的异质性，这种异质性培育出拒斥的政治力量。正是艺术与非艺术之间的协商，让我们有可能去让那些必须要说两次的元素得以结合：从它们的清晰可辨（lisibilité）处开始，以及从它们晦暗不明（illisibilité）处开始。

那么，这两种力量的结合，必然涉及对异质性逻辑的调节。如果拼贴(collage)成为现代艺术的一项主要技艺，那么理由是它的技艺形式遵守了更为基本的美学-政治逻辑。在这个词更广义的层面上，拼贴就是"第三种"政治美学的原则。在绘画、报纸、油画布或钟表机械面前，它将审美经验的奇异性与成为日常生活的艺术结合起来。拼贴可以实现为异质的元素之间的纯粹相遇，见证了分属两个互不兼容的世界的东西成为一个总体。例如，伞与缝纫机的超现实主义的相遇宣示了——与日常生活中的现实相对立，但与其对象相一致——欲望和梦想的绝对力量。相反，拼贴可以将自身表达为将隐藏在幕后的两个有着明显差别的世界之间的联系昭然于天下，正如在约翰·哈特菲尔德①(John Heartfield)用蒙太奇摄影(le photomontage)的借助阿道夫·希特勒之口的作品中揭示出的资本主义金钱的本质，或者玛塔·罗斯勒②(Martha Rosler)将来自越南战争的恐怖照片与美国小清新的广告图像结合起来。这里的问题不再是展现两个完全不同的世界，培育出无法容忍的感觉，正与之相反，是把它们之间的因果关系昭示出来。

---

① 约翰·哈特菲尔德(1891—1968)是一位艺术家，也是最早将艺术作为政治武器的先锋派。他的许多蒙太奇摄影作品都带有反纳粹和反法西斯主义的性质。哈特菲尔德也为诸如辛克莱尔之类的作家制作书的封面，也为像布莱希特和皮斯卡特等剧作家制作舞台装置。——中译注

② 玛塔·罗斯勒(1945—)：美国艺术家，她从事多媒体、相片、装置和表演艺术的设计，她也著有不少关于艺术和文化的论著。罗斯勒的作品关注的是公共空间和日常生活，通常带有女性的视角。最近她所关注的主题是媒体与战争，建筑和环境等。——中译注

拼贴的政治有一个平衡点，因为它将两种关系结合起来，并在意义的合法性的力量与无意义的陌生性力量之间模糊不清的边界上游走。例如，布莱希特的《阿杜罗·乌依》①（Arturo Ui）中的花椰菜的故事，玩了一个典型的双重游戏，它既谴责了商品的统治，也挞伐了高雅艺术的形式，这些高雅艺术也嘲讽着文化的商业化。这个双重游戏既可以让我们看到作为资本权力的纳粹权力的寓言，也戏谑地将所有宏大的理想、政治以及其他东西还原为无关紧要的蔬菜的故事。于是，隐藏在宏大话语下的商品的秘密，等于是没有秘密，等于是平淡无奇，等于是彻底没有意义可言。我们有可能同时去玩弄意义和无意义，也意味着我们可以同时展现出艺术世界和花椰菜世界的彻底分裂，并且展现出将这两个世界区分开的边界是可以穿越的。这既需要花椰菜与艺术或政治完全没有关系，又需要它们已经与艺术或政治关联起来，既需要那里已经有一个边界，又需要穿越这个边界。

当布莱希特为了达到批判性的间离化（distanciation）的效果而使用这些东西的时候，蔬菜事实上已经在艺术史上有很长一段历史了。我们记得在印象主义的静物绘画中，蔬菜所扮演的角色。我们或许还会想到，在左拉的小说《巴黎之

---

① 这部戏剧的全名叫作《可抵挡的阿杜罗·乌依的崛起》（Der aufhaltsame Aufstieg des Arturo Ui），原文为德语，1941年演出，这是一个关于希特勒崛起以及那些促成此事的人洋洋得意的寓言。这部戏剧背景设定在二十世纪三十年代的芝加哥黑帮中，那时黑帮正处于经济混乱的漩涡中，这部戏剧展现了阿杜罗的豪赌，赢得了对花椰菜信托公司的控制权（花椰菜信托公司代表着德国资本主义和容克地主阶级）。

腹》(Le Ventre de Paris)中,他将蔬菜——尤其是卷心菜——提升为贵族和政治象征的尊严。这部小说写于巴黎公社刚刚被镇压之后,实际上是围绕着两个角色之间的对立而展开的:一方面,被放逐后回到巴黎的革命者来到巴黎的大市场,被琳琅满目的各色商品所征服了,这些商品让大众消费的新世界物欲横流;一个印象派画家颂扬着卷心菜的史诗,他将大市场的钢铁建筑与蔬菜堆对立起来,它们所守护的是古老的,但从此往后变得私人生活的美,而旁边的哥特式教堂成为其象征。

　　布莱希特的戏剧之所以能同时展现出花椰菜的政治性和非政治性的两面,是因为在政治、新型的美的风格与商品展示之间的语境存在着某种关系。我们可以将蔬菜史的意义加以一般化。批判艺术,就是这样一种艺术,它同时展现了审美政治的联合和张力关系,它之所以是可能的,是因为转化的运动,长期以来,这种转化运动已经来来回回多次穿越了将特有的艺术世界和平庸的商品世界区分开来的界限。根本没有必要去想象一个"后现代"裂缝是如何出现的,它模糊了伟大艺术和大众文化形式之间的边界。这种模糊边界的运动和"现代性"本身一样古老。布莱希特的间离化明显受惠于超现实主义学派,他们无非是将巴黎街道上的陈旧的商品,或者杂志插图或一些不再时髦的商品名录纳入艺术维度之中。但这个进程将延伸得更为悠远。当一部伟大的作品创作完成——我们可以和黑格尔一起声称,作品完结了自身——与此同时,这部作品在杂志的反复重生中变得十分庸俗不堪,并在书店交易和报纸上——或者说在所谓的工业化的文学中——彻底堕落。不过,在这里再一次在商品开始在相反方向上运行的同时,穿越了将它们与艺术世界分开的边界,这是为了给被黑格尔认为已经被耗竭穷尽的艺术重新注入活力,重新实质化。

这正是巴尔扎克在小说《消失的幻觉》[①](*Illusions perdues*)中所指出的东西。加莱里·德·布瓦(Galeries de Bois)那泥泞而破旧的小屋,在那里,穷困潦倒的诗人吕西安·德·卢班普雷(Lucien de Rubampré),贩卖自己的诗文和灵魂,而他被证券交易和卖淫所包围,他立即创作了一首新诗:这是一首魔幻式的诗歌,灵感来自对平庸商品和卓越艺术之间边界的摒弃。在审美时代里用来滋养艺术的异质的感性已经随处可见,这种感性尤其出现在那些翩翩君子唯恐避之而不及的领域中。由于变得过时,不再适合消费,这些老旧的商品,对于艺术来说可以用来随意地使用,这些东西可以用不同方式来随意地切割和组合。

然而有些人致力于将艺术生命献身于为新生活创造新的器具,而另一些人则谴责将艺术产品转化为美学化的商品,还有一些人承载着这双重运动,模糊了两种伟大的审判

---

① 《消失的幻觉》是巴尔扎克在1837年到1943年间写的一系列小说,它由三个部分构成,故事开始于法国外省,后来逐步转移到巴黎,最后又回到了外省。这样,在结构上非常类似于巴尔扎克另一部小说《黑羊》(*La Rabouilleuse*)。——中译注

政治之间对立的边界：如果艺术产品不停地穿越边界进入商品维度，相反，商品与日常使用的对象也不停地跨越边界，进入相反的方向，将用处和价值的领域悬置起来；然后它们要么变成在其躯体上承载着厚重历史的难以理解的东西，要么变成误用和沉默的对象，它承载着某种辉煌，它不再是任何规划、任何意图的支撑。正是通过这种方式朱诺·卢多维西的"无用"让自己同所有变得过时的日常使用的物件，与公共性的符标关联起来。这种"事物之中的辩证性的作品"让它们在艺术之中成为可能，并通过打破时间统一运行，将一种时间置于另一时间之中，通过改变事物状态和交换符合与艺术形式的关系而实现了颠覆，而瓦尔特·本雅明在阅读阿拉贡①的《巴黎的农民》(Paysan de Paris)时受到启发想到了这一点，在那部作品中，在剧场走廊中的过时的手杖商店变成了一个神话般的风景，变成了一首魔幻式的诗歌。这种"寓言"艺术，许多当代艺术家都声称与之紧密相关，将永远镌刻在这个漫长悠远的转变过程之中。

通过穿越边界，通过艺术和非艺术之间状态的转变，激进的审美对象的陌生性和对世俗世界的挪用都可以衔接起

---

① 路易·阿拉贡(Louis Aragon, 1897—1982)：法国当代著名诗人、作家、小说家。半个世纪以来，创作的大小作品百种以上，在西方广为流传。毕业于巴黎大学。第一次世界大战时应征入伍当医助。因作战勇敢而被授予勋章。战后参加达达主义和超现实主义文学运动，1927年加入法国共产党。1931年出访苏联，转向社会现实主义。曾多次参加法共中央机关报《人道报》编辑部的工作。1937年任法共刊物《今晚报》主编。第二次世界大战时应征入伍，获军功勋章。法国沦陷后，转入地下参加抵抗运动。——中译注

来,这样的艺术的微观政治的"第三条道路"才能在作为生活的艺术与作为抵抗形式的艺术的两种对立范式之间游刃有余。正是这个过程滋养了批判艺术的表现,也正是这个过程帮助我们理解批判艺术的当代转向,以及它何以如此晦涩。如果在当代艺术中有一个问题,这个问题绝不能从现代/后现代的对立中来理解。它只能通过对政治性的"第三条道路"的变型转化的分析来理解,而这种政治建立在艺术世界和非艺术世界之间的交换和替代的演示基础之上。

从达达主义开始,经由六十年代不同的艺术类型,混杂了各种不同元素的政治有一个主导形式,即争论的形式。在这里,艺术和非艺术之间的交流的演示,旨在产生各种不同异质性元素之间的冲突,以及形式与内容之间的辩证对立,这些东西本身也用来谴责社会关系,以及在它们之中艺术所保有的地位。布莱希特在那篇讨论花椰菜问题的韵文的讨论中采用了轮流对白(stichomythique)形式,这是为了谴责隐藏在高大上话语之下的利益。达达主义的画布上有公共汽车篇,钟表上的发条,以及其他此类物件,这是为了奚落那些假装让艺术高于生活的尝试。沃霍尔将肥皂铁盒和博瑞罗(Brillo)牌肥皂盒放进博物馆,就是为了谴责这种孤芳自赏的伟大艺术。沃尔夫·沃斯戴尔[①](Wolf Vostell)将星星

[①] 沃尔夫·沃斯戴尔(1932—1998):德国画家和雕塑家,也是最早从事视频艺术和环境装置的艺术家之一,他的作品带有浓烈的模糊和去拼贴的特色,文中提到的是他的作品《美国小姐1968》。——中译注

的图像和战争的图像混合在一起,揭示了美国梦阴郁的一面;克尔基斯多夫·沃蒂兹科①(Krzysztof Wodiczko)将无家可归者的形象放在美国的纪念碑之下,指出公共空间驱逐了穷人;汉斯·哈克②(Hans Haacke)将连接起来的许多小纸盒子与博物馆的作品粘在一起,指出了这些东西就是沉思的对象。各种异质元素的拼贴,在一般意义上,采用了震撼的形式,揭露了隐藏在一个世界之下的另一个世界:隐藏在消费的幸福之下的资本主义的暴戾,隐藏在艺术平静外表之下的商业利益和阶级斗争的暴力。通过这种方式,艺术的自我批评变得越来越卷入到对国家和市场支配的机制的批评中。

由异质性元素的震撼所产生的争论,一旦它们变成了合法化的作品、装置和展览,也沦为了日常秩序。然而这种无处不在的连续性遮蔽了一个十分重要的转变,只举一个例子就足以理解这个转变。2000年,在巴黎,有一个展览叫《底层的喧嚣》(Bruit de fond),这个展览展示了20世纪70年代的作品和当代作品。前者有玛塔·罗斯勒的《将战争带回

---

① 克尔基斯多夫·沃蒂兹科(1943—)以其将大型幻灯片及影像投射到建筑表面与纪念碑上的而闻名。他的作品是非常强力的,带有浓烈的政治意味,气势十足。他的艺术项目可以说是为了他希望看到的这个世界的改变而战——一个免受战争破坏影响的全球社会。——中译注
② 汉斯·哈克(1936—):哈克的艺术可以被归类为观念艺术。在他的作品里我们不难发现他多数所关注的是复杂的社会题材。自60年代,他开始献身于制作有关艺术、资本和权利之间关系认知的作品。哈克在创作与论述中一再强调,文化的私有化,使艺术家与艺术机构在企业赞助的魔障笼罩之下,形成自我设限与查禁,并使艺术沦为"社会油渍",成为企业的公关工具,借以提升品牌形象,疏通政治游说管道,减缓舆论对企业的批评。私有化乃资本主义的神主牌,哈克探讨文化为私有化所付出的代价,并揭示跨国资本主义违背企业伦理与剥削第三世界的种种行径。——中译注

家》(*Bringing War Home*)系列蒙太奇摄影作品。该作品将一幅美国国民幸福的广告图像与越南战争的图像对立起来。旁边摆放的是王度①的作品,旨在揭露美国幸福阴暗面的作品。这个作品由两个元素构成:左边是克林顿夫妇,被塑造为蜡像馆里的两个人物形象,在右边,艺术家描绘了另一种蜡像:即对库尔贝②(Courbet)的名画《世界的起源》(*L'Origine du monde*)的塑形,我们知道,库尔贝这幅画就是对女性性器官的描绘。两个作品都揭示了幸福或伟大的形象与被隐匿的暴力或淫荡的一面之间的关系。但克林顿夫妇并没有因为莱温斯基事件而陷入政治风波。准确地说,这个事实一点也不重要。向我们展示的所有东西不过是标准的去除合法性的程序的自动功能:蜡像将政客变成了木偶,作为隐藏/公开的肮脏的小秘密的性放荡,概括出了所有崇高的形式。这些程序仍然在起作用。不过这些程序是通过转向它们自己而起作用,就像一般意义上嘲弄权力已经取代

---

① 王度(1956—):生于湖北武汉,九十年代后旅居法国。他以一个新闻人的角度从事艺术创作,并提出了"我就是媒体"的艺术观念及独立的个人批评。从九十年代初开始,王度关注大众媒介和流行信息的图像,他的作品大量使用泛滥的图像、影像和电视机、电脑之类符号化的信息工具,巧妙地把信息的含义转嫁到雕塑的形式中。——中译注

② 库尔贝(1819—1877):法国著名画家,现实主义画派的创始人。主张艺术应以现实为依据,反对粉饰生活,他出生于法国东部紧挨瑞士的杜省,父亲是一位农场主,1839年他到巴黎学习法律,常到卢浮宫观摩大师们的绘画,在父亲的支持下改学绘画,先在斯特本和海森画室学习,但不久后离开,自行以临摹大师们的作品学习。1849年,他回到家乡,创作了《碎石工》《奥南的葬礼》等如实反映生活的作品,成为现实主义艺术的领导人,他坚决反对旧的传统观念和习俗,成为背叛传统画派的新一代艺术家的领袖。他还创作了许多著名的风景画,并写作了散文和政论文,呼吁民主和自由。——中译注

了政治性的谴责。或者它们的作用就是让我们感受到这种自动运行机制本身,消除去合法性程序本身的合法性,与此同时,将其作为对象。因此,恶搞的间离化已经取到了挑衅性的震惊的效果。

我选择了王度作品这个十分重要的例子,但是还有其他许多例子,可以证明从过去的辩证的挑衅变成了今天的异质性元素组成的作品,这些作品明显处在艺术格局(des dispositifs)和艺术文本的合法化的连贯性之下。此外,我们可以将这些变化分类成四种当代展览的主要形象:游戏、盘点(l'inventaire)、邂逅和神秘。

首先是游戏,也就是说,是双重游戏。我在别的地方已经谈过了在明尼阿波利斯举办的名为《一起欢愉》(Let's Enterain)的展览,后来在巴黎展出时,标题改为了《在景观的彼处》(Au-delà du spectacle)。① 在美国展出的标题中已经体现了这种双重游戏的意蕴,一方面它通过谴责娱乐工业,另一方面通过波普式地对伟大艺术和大众消费文化之间的区分的嘲讽来向其暗送秋波。而在巴黎展出的标题显得特别别扭。一方面,它涉及居伊·德波的著作,来捍卫其在娱乐批判上的严格主义的立场;另一方面,它让我们记起,在德波那里,治疗景观社会的消极作用的良药就是自由地游戏。当然,这出现在了标题的戏谑中,也关涉德波这些作品本身的

---

① 参看朗西埃:《图像的命运》,张新木、陆洵译,南京:南京大学出版社,2014年,第32页。——中译注

难以判定的状态。查尔斯·雷伊①(Charles Ray)的旋转木马和莫里奇奥·卡特兰②(Maurizio Cattelan)巨婴脚印都同样像这样一种游戏开放,要么像波普艺术的怪搞一样,批判了商业性的娱乐,要么肯定了游戏的积极力量。这需要展览的策展人全身心地投入到向我们说明,这些由不同作者所创造的漫画、广告电影、迪斯科声音,通过对这些东西的重新复制,为我们提供了对异化的休闲娱乐消费的彻底批判。与席勒认为游戏是对支配关系的悬置不同,在这里,游戏标志着对展示出来的拼贴意指关系的悬置。这些升华出来的富有争议性的价值逐渐变得让人难以判定。这就是这种难以判定性的产物,这些就是许多艺术家和展览的作品的最核心的东西。在那里,批判艺术家描绘出商业支配或帝国主义战争的苍白的画像,而视频艺术家稍稍挪用了视频短片和漫画。在那里,曾经使用过巨大的木偶来表现作为史诗性景观的当代史,在今天,气球和毛绒玩具"质问"了我们的生活方式。稍稍挪用式地对景观、小玩意、日常生活的符号进行复制,已经不能再让我们通过阅读日常物品的符号,来把握我们世界

---

① 查尔斯·雷伊(1953—):生于美国洛杉矶,美国著名雕塑家。他因制作奇怪和神秘的雕塑而著称,他让观众以出乎意料的方式来提出问题,对于他的作品,很难分类,他的作品的风格、材料、主题和展现方式,包括尺寸都是可变的。——中译注

② 莫里奇奥·卡特兰(1960—):意大利艺术家。卡特兰是一位没有接受过专业学院教育,靠自学成才的艺术家。他从事过的工作有厨师、园丁、护士、木匠,甚至负责太平间尸体看护的丧葬员。这些丰富而独特的经历毫无疑问也与他日后的艺术创作具有千丝万缕的关联。——中译注

的运行机制。它宣称可以让我们对各种符号交织的感觉变得更为敏锐,让我们更注意到解读这些符号的程序的脆弱性,以及我们十分热衷于去游戏这种不可判定性。恶搞是一种美德,今天的艺术家们已经认同了这一点:恶搞,非常不起眼,也很容易迷失,可以通过展现出一个符号序列,或物的布局来对之加以挪用。

在他们从批判式调调向恶搞式调调转变的过程中,这些去合法化的程序几乎对于某些人来说变得不可辨识,这些人完全是权力和媒体的产物,或者说是商品化的表现形式的产物。恶搞已经变成了一种主流方式,他们用恶搞的方式来展示商品,如今其所打的广告逐渐在商品的使用价值与符号-价值及其图像性支撑之间的不可判定性上戏耍。在一个已经加速了的对符号进行消费的社会中,玩弄这种不可判定性就是唯一可以残留下来的形式,也只有通过这种形式来颠覆符号解读的条条框框。

意识到这种不可判定性,有助于我们进入第二种形式的艺术主张,即**盘点**。各种异质性的元素的邂逅目的并不是为了产生批判性的震惊,或者玩弄这种震惊的不可判定的性质。同样的材料,同样的图像,同样的讯息,一旦按照猜疑的规则来小心翼翼地一点点地质疑,现在就会变成相反的运作:重新滋润了物的世界,重新把握它们潜在的共同的历史,批判性艺术将这个共同的历史散播在各种可操纵的符号当中。各种异质性材料的布局,成了一种肯定性的回忆,并以两种形式成为这种回忆。首先,它是对历史上的诸多痕迹的盘点:物、照片或单纯的名目,这些东西证明了一个共同的历史和世界。在2000年巴黎的一个展览,题目叫作《这里,头脑里的世界》(Voilà. Le monde dans la tête),旨在通过一系列的装置和照片展览来总结二十世纪的历史。关键在于,在接待的布局中,让这些不同的经历汇集在一起,让那些随意的物品,那些名目,那些无名的面庞说话,相互发生作用。首先,游览的观众会在游戏的标题之下接受欢迎[有罗伯特·费里欧①(Robert Filliou)的多种颜色的色子背景],然后会穿过克里斯蒂安·博尔坦斯基②(Christian Boltanski)的装置作品《电话用户》(Les Abonnés du téléphone),这个作品是由不同年代和世界上不同国家的电话号码组成的,任何人可以遂其所愿地拆掉隔板,在桌子上任意地搭建这个装置。还有一个有河原温③的声音装置作品,对于他来说,任何人都能从

---

① 罗伯特·费友(1926—1987):法国激浪派艺术家,他也是一个电影制作人,一位"行动诗人",一位雕塑家和乐队指挥,在二战期间,费友是法国共产党成员。1947年,费友游历到没够,并在洛杉矶的可口可乐工厂里当一名工人,1951年,他获得了美国国籍,并成为联合国的咨询顾问。他曾去过韩国、埃及、西班牙、丹麦、加拿大、法国。1963年,他提出了艺术的生日,认为100万年前没有艺术,但1月17日,艺术诞生了。他说那时一块干海绵掉入一桶水中,艺术就诞生了,并提出要为艺术的诞生设立一个公共节日。——中译注

② 克里斯蒂安·博尔坦斯基(1944—):法国雕塑家,摄影家,画家和电影制作人。1986年,博尔坦斯基开始用多种媒体装置来创造光的艺术作品。他也是装置艺术的设计大师,尤其强调光的在艺术中的概念。迄今为止,他已经参加了全世界150多次展览。——中译注

③ 河原温(1933—2014):当代艺术中重要的日本观念艺术家,他1933年1月2日(有待考证)出生于日本,自学成才,在1953年创作了第一批雕塑作品。从1959年起,他离开日本,到美国和欧洲旅行。自1965年起居住在纽约,过着隐居生活。他从不在公众场合露面,可算是一位"看不见"的艺术家。——中译注

中"经历四万年的沧海桑田"。还有汉斯-彼得·费尔德曼①(Hans-Peter Feldmann)的作品按年龄从一岁到一百岁的一百个人的一百张照片。其他作品还有彼得·费希里(Peter Fischli)和戴维·维斯②(David Weiss)由玻璃覆盖的照片展示,作品名为《可见的世界》(Monde visible),这部作品搜集了不少家庭相簿,还有法布里斯·伊贝尔③(Fabrice Hybert)搜集的大量的矿泉水瓶子。

按照这种逻辑,艺术家就是集体生活的档案管理员,是一种共有能力的搜集者/见证者。盘点,将造型艺术家的艺术与拾荒者和作品放在一起,它从共同的历史的角度出发,将物和影像的潜能放在显著的位置上,这也展现了艺术的盘点行为与创造一个共同世界的行为和生活的创造上的多元性之间存在着亲缘关系——弹球游戏、收藏、语言游戏、论证材料,等等。在为艺术保留的空间中,艺术家们努力让做的

---

① 汉斯-彼得·费尔德曼(1941—):生于德国杜塞尔多夫,是一位著名的当代视觉艺术家。费尔德曼通过收集、排序和重现进行概念艺术创作,以利用日常图像创作独具匠心的装置作品见长。费尔德曼最著名的作品包括黑白照片排序组合(某女士的全部衣服、没有整理的床铺、自己的鞋子等),他从日常生活的图像中取得灵感,经过缜密思考后形成装置作品,他表示:"艺术是一种过程,一种印象,一种感觉,但绝不会是一件真正的物品"。——中译注
② 费希里(1952—)和维斯(1946—2012)是一对艺术展示上的组合。他们两人从1979年开始合作,并在瑞士当代艺术圈里名声大噪。他们最著名作品是《事物运行的方式》,他们关心事物的连锁反应,维斯2012年去世之后,费希里一直生活在苏黎世。——中译注
③ 法布里斯·伊贝尔(1961—):法国艺术家,伊贝尔说他想通过摧毁语言和传播交流来建立可能性的真正容器,他的作品看起来像是视觉语言,他的方形足球为观众带来了困惑,他试图通过这样的方式来达到理想形式。——中译注

艺术变得可见,这种做的艺术已经遍布在整个社会当中。①盘点的两个使命,即批判性艺术的政治使命和争论使命,被盘点转变成了社会或共同体引导的使命。

第三种形式指出了这个变化。我已经将之命名为**邂逅**。或许应更合适地称之为**邀请**(invitation)。在这里,艺术家仍然作为一个收集者,他设立了一个接待区,吸引那些路人加入,与某些人产生了一些预想不到的关系。例如,博尔坦斯基的电话号码的装置,参观者受邀请从架子上拿下一本电话簿,在桌子旁坐下来问问题。后来在同一次展览中,多米尼克·冈扎尔-福尔斯特(Dominique Gonzales-Foerster)邀请人们从一堆平装书里挑出一本书,然后在一个草草绘制出来的荒岛上坐下来阅读这本书,这让童年的梦想在头脑中荡漾。在另一场展览中,里克力·提拉瓦尼②(Rirkrit Tiravanija)制作小袋佐料、小瓶煤气、烧水壶,让人们为自己准备一份中式羹汤,然后坐下来品尝,并讨论艺术家和其他参观者。与这些展览空间的变化相对应的是,介入城市日常

---

① 这里可以参看米歇尔·德·塞托(Michel de Certeau)的《做的艺术》(Les Arts de faire),UGE,1980。
② 里克力·提拉瓦尼(1961—):生于阿根廷布宜诺斯艾利斯,现在美国纽约和德国柏林生活工作。里克力·提拉瓦尼是在泰国和加拿大长大的。现在主要生活在美国纽约和泰国清迈,在他的行动与装置作品中,打破传统的观众被动接受式的欣赏模式成为艺术家长期以来艺术诉求的核心。——中译注

生活空间的不同形式也出现了：皮埃尔·于热①改变了公共汽车候车亭的指示牌，让日常生活的轨迹必然变成了一场冒险；简·哈宁②(Jens Haaning)在电子涂鸦屏幕上使用了阿拉伯文字，并大声用土耳其语说话，从而颠倒了本地人和外地人之间的关系；或者A组12(Groupe A 12)制作了一些空的亭阁，让那些郊区居民来实现他们的社会群体的愿望。关系性艺术的目标不再是创造物件，而是情境化和邂逅。然而，在这样做的时候，他们依赖的是物与情境的简单对立，形成了一个短路循环(un court-circuit)，其关键在于，实现对那些有问题的空间进行变革，在那些空间里，概念艺术和艺术对象/商品是对立的。前者相对于货物的保持的距离被颠覆了，他们提出了一个新的命题，即在塑造新的社会关系形式的基础上，创造个体之间的新的亲邻关系。艺术不再是对商品和符号过剩的回应，而毋宁是对关系纽带的匮乏的解答。正如一个主流的学院派理论家所说："通过提供微不足道的服务，艺术家缝合了社会关系上的裂缝。"③

---

① 皮埃尔·于热(1961—)：出生于法国巴黎，现居美国纽约。2002年于纽约古根海姆获Hugo Boss评委会特别奖；2001年代表法国参加威尼斯双年展并获得评委会特别大奖；2005获法国最佳艺术家奖项(2005年Beaux Arts magazine艺术奖)；2010年荣获欧洲现代艺术家奖。于热作品领域跨越电影、视频和公众干预。——中译注

② 简·哈宁(1965—)：丹麦艺术家，生于哥本哈根，他的作品经常指出在斯堪的纳维亚半岛上的种族主义问题。他参加过大量的展览，在德国卡塞尔展览和土耳其的伊斯坦布尔双年展，以及波尔多的当代艺术博物馆、苏黎世的密格罗博物馆，哈宁都办过自己的展览。2007年荣获Eckersberg大奖。——中译注

③ Nicolas Bourriaud, *Esthétique relationnelle*, Les Presses du Réel, 1998, p. 37.

"社会关系"的失却,艺术家义不容辞的责任就是修补社会关系,这些东西就是今天的律令。我们认定失去了社会关系,会让我们变成更加雄心勃勃。这不仅是我们宣称业已失去了谦卑的形式,而且也失去了构成这个世界的存在与物体之间的共存的意义。第四种形式,即**神秘**,就是为了解决这个问题。让-吕克·戈达尔(Jean-Luc Godard)希望将神秘用在电影上,让神秘范畴重新流行起来,自从马拉美之后,神秘范畴已经决定了各种异质性元素彼此联系起来的特殊方式。例如,马拉美的作品,将诗人的思想,女舞者的步伐,一把折扇的展开,海浪飞溅的浪花,风吹动幕帘的褶皱结合在一起,而戈达尔并置在一起的是卡门的玫瑰,贝多芬的四重奏,拍打海滩留下的海浪的泡沫让我们想起了弗吉尼亚·伍尔芙[①](Virginia Woolf)的《海浪》(*Les Vagues*)以及激情相拥的身体之间的热度。在这里,《芳名卡门》(*Prénom Carmen*)微微地背离了逻辑上的运动。事实上,对诸元素之间关系的选择属于传统意义上的异轨(détournement):安达卢西亚的山脉变成了周末的海滩,浪漫的劫犯,疯疯癫癫的恐怖分子,唐·何塞(Don José)唱到的被抛出的鲜花,现在变成了塑料

---

① 弗吉尼亚·伍尔芙(1882—1941):英国女作家、文学批评家和文学理论家,意识流文学代表人物,被誉为二十世纪现代主义与女性主义的先锋。两次世界大战期间,她是伦敦文学界的核心人物,同时也是布卢姆茨伯里派(Bloomsbury Group)的成员之一。最知名的小说包括《墙上的斑点》(*The Mark on the Wall*)、《达洛维夫人》(*Mrs. Dalloway*)、《到灯塔去》(*To the Lighthouse*)、《雅各的房间》(*Jakob's Room*)。——中译注

花,米卡拉(Micaela)弄坏了贝多芬,用唱比才①(Bizet)的歌来取而代之。这些异轨,不再有伟大艺术的那种政治批判性功能。相反,它抹除了批判所附着的画面式想象,在贝多芬第四交响曲的抽象形式中复活了比才的秉性。他让吉卜赛人和西班牙斗牛士一同消失在影像的融合起来的音乐中,同一种氛围中,将琴弦、波浪和身体的噪声合并在一起。与辩证的实践不同,他之所以强调各种元素的不同,是为了产生某种震惊,这种震惊解释了被矛盾所刻画出的现实,这样,神秘所强调的就是各种不同元素之间的联系。神秘成了类比的游戏,在这个游戏中,这些异质性的元素证明了一个共同的世界,在这个游戏中,那些看似相差十万八千里的现实,实际上来源于同一个感觉结构,它们通常被戈达尔所谓的"隐喻的博爱"而链接在一起。

"神秘"是象征主义的核心概念。毫无疑问,象征主义在今天的秩序中焕然一新。我用这个词,并不是指在马修·巴尼②(Matthew Barney)的系列剧《悬丝》(Cremaster)中的诸

---

① 乔治·比才(1838—1875):法国作曲家,生于巴黎,世界上演率最高的歌剧《卡门》的作者。九岁起即入巴黎音乐学院学习作曲。后到罗马进修三年。1863年写成第一部歌剧《采珍珠者》。1870年新婚不久参加国民自卫军,后终生在塞纳河畔的布基伐尔从事写作。在音乐中他把鲜明的民族色彩、富有表现力的描绘生活冲突的交响发展,以及法国的喜歌剧传统的表现手法熔于一炉,创造了十九世纪法国歌剧的最高成就。——中译注
② 马修·巴尼(1967—):美国先锋艺术家/导演,生于美国旧金山,是美国九十年代后期走红的新一代艺术家,现在纽约居住。马修·巴尼是一位幻想与捏造大师,这在他的混合装置、行为艺术的照片和风格特异的录像作品中都得到了体现。艺术化的化妆、着装华丽的模特、难以确定形状的合成物质、由凡士林做成的油腻腻的物体、呼啸而来的赛车更有那头上长着角的色情狂。——中译注

如象征主义神话复活和瓦格纳关于总体艺术幻想的那些太过奢华,甚至有点令人作呕的形式。我想的是更为温和,甚至有时候无法感觉到的方式,通过这种方式,对物体、图像和符号的布局在当代展览中展现出来,从一种极富挑衅的异议的逻辑,变成一种神秘地证明了共存的逻辑。在别的地方,我已经讨论过2002年在美国纽约古根海姆(Guggenheim)博物馆举办的题为"移动电影"(*Moving Pictures*)的展览,在那里展出了大量的照片、视频和装置。① 这些展览旨在指出这些作品与20世纪70年代作为对艺术自律和主流表达方式的批判的艺术上激进性的延续。但与凡妮莎·比克罗夫特②(Vanessa Beecroft)在博物馆空间里用视频展现了赤裸而毫无表情的女性身体相比,山姆·泰勒-伍德(Sam Taylor-Wood)、里内克·戴克斯特拉(Rineke Dijkstra)和格列高利·克鲁德森(Gregory Crewdson)在一个不确定的空间里展现了模糊身份的身体,或者灯泡照射在墙上,照亮了墙上布满了摘自于克里斯蒂安·博尔坦斯基的暗室里匿名照片,

---

① 参看朗西埃:《图像的命运》,张新木、陆洵译,南京:南京大学出版社,2014年,第86页。——中译注

② 凡妮莎·比克罗夫特(1969—):生于意大利的米兰,近一代的意大利艺术家中极为受人瞩目的一位,也是最具有国际地位的艺术家之一。她的影像作品是以录影的方式呈现一种几乎像摄影作品的静止状态的画面,摄影的对象大多都是几乎全裸的女性模特儿,绝大部分的时候她们是以群体的方式站或坐在一个宫廷式的建筑场景之中,人种包含白、黑、黄等,她们以一种静默而无表情的方式待在场景里,既不相互交谈,眼神也没有交错,久久才稍微有一些缓慢的动作,而镜头几乎都是正面的拍摄,整齐划一的列队方式使得她们有一种类似军队般的严谨与疏离,除此之外,她对于画面的细腻的精致要求,也加深了这种让人觉得紧绷的静默,流露出十分简约的优雅,如同时尚模特儿对自身永不满足的挑剔,完美得让人感觉很不真实。——中译注

这些东西都静静地引起了对感知上的原型的追问,这些原型引导我们走向了那个在熟悉与陌生之间,在真实与象征之间不明确的边界上的整体的悬而未分的兴趣,这些象征让象征主义时代的画家,让形而上学的绘画和魔幻现实主义如痴如醉。在博物馆高层上,比尔·维欧拉①(Bill Viola)的视频装置发出的光照射在黑暗房间的四面墙上,那里有火焰和洪水、缓慢行进的队伍、城市中的游荡、丧葬的守夜,或者轮船的起航,这一切象征着四种元素,即出生、生活、死亡、重生的大循环。于是,实验视频艺术,以自己独特的方式,通过模仿象征主义和表现主义时代颇受推崇的表达人类命运的伟大湿壁画,在十分平实的语言中展示了今天格局的潜在趋势。

这里对这个过程的范畴化概括,仍然十分概略。当代装置和展览立即赋予了"展览/装置"配对许多作用,它们在批判性的挑衅与其意义的不可判定性之间,在展示作品的形式与相互影响的定型空间之间游戏着。当代展览的格局通常要么培育出多重价值,要么从属于其结果。例如维欧拉的展览,在贝尔特朗·拉夫耶②(Bertrand Lavier)《马丁的房间》(la *Salle des Martin*)的装置中展现出来,拉夫耶搜集了50

---

① 比尔·维欧拉(1951—):当代视频艺术家(video artist)。他被视为在新媒体时代依靠电子技术、声音技术、图像技术来表达艺术的艺术家中的领军人物。他的作品比较关注人们诞生和死亡的意识方面的基本经验,以及在这些经验背后所蕴含的观念。——中译注

② 贝尔特朗·拉夫耶(1949—):法国视频艺术家,他参加过大量的博物馆展览,他是杜尚之后,另一位大量使用日常物品作为展览创作的艺术家,但与杜尚不同的是,杜尚是直接物件的表达,而拉夫耶说他要做的是"商品"与"物品"的二元对立,因此他的展览多以物的二元论为主题。——中译注

幅绘画作品，许多来自外省博物馆的储藏室，这些画只有一个共同点，即它们有一个共同的作者名字，在法国非常普遍的一个姓氏：马丁。在这个装置背后最初的观念是摧毁作品的意义，来标明观念艺术。但在这个新的记忆情境中，这个装置采用了一个全新意指体系，证明了或多或少遭受忽视的绘画能力的多样性，并记录了一个去记忆二十世纪的业已失去的绘画世界。意义的多样性也正是因为这些作品有时也被展现为艺术民主的证据，它拒绝摆脱任何既定态度上的复杂性和边界的可依赖性，因为这些东西反映的是世界的复杂性。

从当今伟大的审美范式中得出的矛盾态度，表达出在艺术的政治中一个更根本的不可判定性。这个不可判定性并非由于后现代转向。这个不可判定性是建构的：审美上的悬而未决，需要马上从两个层面来解释它自己。艺术的独特性来自对自己的自律形式的辨明，艺术将自己既等同于一种生活形式，**而且也**等同于一种政治可能性。除非摒弃艺术的独特性，政治的独特性，或者两者皆可抛弃，否则这些可能性绝不会在总体上实现。今天，用不可判定性激发了两种对立的情操：一些人表达了对共同世界的忧郁，在艺术尚未被政治获益和商业妥协所背叛之时，艺术曾经承载过那个世界；而另一部分人，注意到了艺术的界限，他们倾向于在艺术的界限上，在其结果的不可确定性上游戏人生。当我们当下的悖谬或许是这种艺术，这种不能确定其政治的艺术，由于失去了其适切意义上的政治,它逐渐逐渐地鼓起勇气去介入政治。事实上,通过缩水了的公共空间,以及被抹除的政治介入,连贯一致的时间似乎给予艺术家和他们迷你型的示威,他们的物品和痕迹的装置,他们相互作用的格局,他们原本的挑衅抗争一种替代性的政治功能。这些"替代"是否可以重塑政治空间,他们是否必须要进行戏谑恶搞,毫无疑问,这些问题才是我们时代最重要的问题。

第三章　阿兰·巴迪欧的非美学：对现代主义的扭曲

《非美学小手册》(*Petit Manuel d'inesthétique*)：在这样的标题下，阿兰·巴迪欧将他主要关于艺术问题的讨论搜集在一起。对于"非美学"这个新概念，他给出的唯一的导引仅仅在如下的两个句子中："'非美学'，我理解为哲学与艺术的关系，其坚信艺术本身就是真理的生产者，完全没有必要将艺术转化为哲学的对象。与美学的思辨相反，非美学描绘了因某些艺术作品的独立存在而产生的严格意义上内在于哲学的效果。"①

这两个句子提出了一个最首要的问题。即这两个句子决定了巴迪欧特有的关系命题，这两个东西之间没有关系，每一样东西仅仅与自己有关。但是这两句话将这个命题放在当代思想的连贯一致的架构之中。从分析哲学谴责思辨

---

① Alain Badiou, *Petit Manuel d'inesthétique*. Le Seuil, 1998, p. 7.

美学,到利奥塔谴责美学是一种虚无主义的毒药,今天整个话语的风格事实上都倾向于将专属于艺术的实践和恶毒的美学思辨事业彻底地区分开来,美学思辨经常劫持艺术的观念,并加以歪曲。为了理解非美学,就必须要理解在这个巨大的一致性的反-美学潮流中,描绘出其独特的逻辑。为了达到这个目的,就是要认识这种一致性本身的理由。似乎对我而言,这个理由可以这样来说:谴责在美学手上"歪曲"了艺术,是为了用来确保,艺术有一个"本质",或者,倘若你们愿意,也可以说,是为了确保一个独一无二的艺术概念的实存,这种艺术概念在艺术作品的自律的独特性中得到实现,在不同的艺术实践中都保持不变,并在特殊具体的经验中得到证实。关键在于,其为了确保"艺术的特殊性",而谴责了美学篡夺了艺术作品。其肯定可以明晰地辨识出这种"特殊性"。也就是说,与之恰恰相反,美学恰好是质疑这种特殊性的思考的名称,也就是说,质疑了艺术概念的独一无二性,质疑了各种艺术多元性的统一性关系,质疑了用来认识艺术在场的方式。

事实上,对于如何辨识艺术和各种艺术有三种不同的哲学态度。我将在后面按照巴迪欧的《艺术和哲学》①(*Art et philosophie*)一文来谈这三种态度,但有点小小的变动。首先,与柏拉图的名字相关联的态度,可以这样来概括:存在着

---

① Alain Badiou, *Petit Manuel d'inesthétique*, op.cit., p.9-15.

诸多艺术(des arts),也就是说,这是建立在对模态模仿基础上的知识形式的应用,也存在着**诸多表象**(des apparences),即艺术的模仿。存在着真的模仿和假的模仿。在这个区分中,我们所理解的**艺术**,是一个举世无双的概念。这就是为什么不要哀叹柏拉图让"艺术从属于政治"。事实上,柏拉图并没有让艺术从属于任何东西。在更根本的层面上,我们称之为艺术的东西对柏拉图来说没有任何意义。他用这个概念来思考的东西是诗,起到教育作用的诗,正是在这个关系中,柏拉图提出了这些问题:诗的教育要通过什么手段,达到什么目的? 于是,艺术与真理脱节了,不仅仅是因为真理与模仿的拟像直接对立,而且也因为真理和模仿的拟像的区分,禁止了对这种区分的地位进行任何辨识。

第二种形式——简言之,亚里士多德的形式——在模仿(mimesis)/创造(poiesis)的区分中来认识艺术。按照这种形式,存在着众多不同的**艺术**,即关于如何去做(savoir-faire)的形式,其中的一些形式产生了某些特殊事物:我们知道,这就是模仿或再现行为的布局。后者既不属于从功利角度来对艺术作品进行庸俗的验证,也不是与话语和图像相关的真理的合法化。艺术并不是作为自律的观念而存在。在技艺(tekhnaï)的一般领域内,存在着区分的标准,这个标准就是模仿,它通过三种方式来起作用。首先,它是一种区分原则,在那些艺术作品中,一种特殊的分类被赋予了特殊的标准。但是,这也是由各种认知评价的规则和标准所阐明的内在标准的原则,这个标准可以让我们判断,一种模仿是否真的是艺术,它是否与一般意义上的好的标准相关,是否与特殊的艺术或风格,尤其是模仿的好的标准相关。此外,这就是区分和比较的原则,这个原则可以让我们比较不同形式的模仿。于是,再现体制得到了界定,在这个体制中,艺术并不是作为一个专有领域的名称而存在,而是作为特殊的辨别标准而存在,它涉及艺术创造了什么,以及对艺术所作所为的欣赏,无论其好坏如何。

　　第三种形式就是审美体制。在审美体制中,艺术不再被看成众多行为方式中一种特别不同的方式,或者通过不同的内涵和评价标准,让我们可以判断艺术概念和应用的特别的东西,而是看成一种专属于其产品的可感的存在物。其明显特征是,它们都属于某种可感元素的存在模式,这些可感元素不同于自身,而是等同于也不同于自身的思想形式。在这个体制中,艺术可以作为一个特别的概念来被认识。然而,它只能通过一个并没有显露出来的标准来认识,这些没有表现出来的标准将这种行为方式与其他的行为方式区别开来。由于模仿正是如此:它并不一定要求类似——我们的小学生和不少的学校老师对这一点有十分顽固的认识——而是人类行为中的一种区分原则,我们圈出了一个特殊的区域,在这个区域里,所有对象都包含于其概念之下,不同对象的层次可以进行比较。**模仿**区分了艺术的东西与不是艺术的东西。相反,所有新的界定,即美学上对艺术的界定(这些界定确定了艺术的自律性）说的都是同一回事，即肯定了同样一个悖论：从此往后，艺术是由一个不明确的特征来认识的。在感知上，艺术作品展示了事物的性质，对其的**创作**等于是**没有创作**，对其认识等于是**不认识**，一个**想要**的东西恰恰是**不想要**的东西。简言之，最终可以这样来命名，艺术的特殊性就在于它等同于非艺术。从此，艺术很确实地成了真理的观念。这并不是因为仅仅依靠艺术本身就能触及真理——按照巴迪欧的说法，他以此来反对德国浪漫主义——而是因为艺术只能落到这个范畴里。艺术之所以处于那里，是因为在可感的层面上，在感性的日常体制中的感性差异上证明了这种观念的运行。在这个体制中，之所以存在着艺术，是因为永恒性在其中贯穿，因为新的永恒模式在其中穿行。

　　这样做的结果是：如果永恒性"贯穿于其中"，其结果在任何地方都不能等同于一种特殊物质材料的确定形式的成就。它总是位于在贯穿于它和通过它来贯穿的东西之间的差异之中。在感性层面上，思想的内在性立即一分为二。形式是纯粹贯穿的形式，同时，它又是各种形式的历史中的一个片段。内在于感性展现（la présence sensible）之中的观念原则立即翻转为间距（écart）原则，避免了将观念嵌入到情势（la situation）之中。它之所以贯穿于情势，仅仅是因为，根据一个著名的黑格尔式的二难推理（dilemma）所理解的必然性，它总是先于或后于它自己：如果一个过去的事物对我们来说是艺术，这是因为它的一般展现（une présence en général)是一个过去的展现,在其被假定的当下(présent),它是某种不限于艺术的东西。这就是一种生命形式(une forme de la vie),一种共同体的样态,一种宗教的宣示。

通过这种方式,美学上对艺术的界定,即作为将无限贯穿于有限之中的真理的宣示,从一开始就将这种贯穿于"生命形式",即各种形式的形成过程关联起来。在这个过程中,素有的区分艺术形式和生命形式(生命形式就是表现)的标准,以及所有区分艺术形式和思想形式(思想形式促使其反复发生)的标准都消失了。同样,各种艺术之间的区分标准,最终尤其是艺术与非艺术之间的区分标准都同样消失了。总而言之,在美学上自律的艺术,仅仅是艺术他律(hétéronomie)的另一个名称而已。美学上的艺术界定就是将取消界分加以一般化的原则。这滥觞于维柯(Vico)的革命,他断定荷马是一个诗人,因为他并不想成为一个诗人,因为他仅仅想表达他那个时代的人们的认识,而在那个时代,这几乎是人们自己表达认识的唯一方式。① 接着,巴尔扎克在他的《驴皮记》(La Peau de chagrin)中认为,新时代的伟大诗人并不是地质学家居维叶②(Cuvier)那样的诗人,更不用说,我们无法区分作为伟大小说家的巴尔扎克的写作与作

---

① 参看乔巴蒂斯塔·维柯(Giambatista Vico)的《新科学》(La Scienza nuova),同时也可以参看拙著《哑然的言说》(La Parole muette),Hachette Littérature,1998.

② 参看巴尔扎克的《驴皮记》(La Peau de chagrin)以及拙著《审美无意识》(L'Inconscient esthétique),Galliée,2001.

为谈饮食问题的《生理学》(*Psysiologies*)一书作者的巴尔扎克,还有,这条线索一直延续下去,经由兰波(Rimbaud)在傻子的叠句和白痴的绘画中寻找新诗的金矿,福楼拜的句子变成了保罗·德柯克(Paul de Kock)的短语,还有大量的无法辨识的散文诗后论文的对象——例如,普鲁斯特驳斥圣伯夫(Sainte-Beuve)的"论文",变成了带有伪装性质的自传小说《追忆似水年华》(*À la Recherche du temps perdu*),而这本《驳圣伯夫》的书结尾部分的理论概括,与全书自己的展开相矛盾。我们无需将这份界定艺术的难以判别的无序名单继续下去了。我仅仅给出的是"文学"的例子,仅仅是因为首先在"文学"的名义下,在将其错乱(brouil-lage)延伸到视觉艺术,以及所谓的造型艺术领域之前,这种写作的艺术已经混乱不堪了。

为了抵御这种现代的混乱,我们必须营造一个防御的壁垒。我们将这个壁垒称之为**现代主义**。现代主义是一个艺术概念,这个概念在美学上来认识艺术,但拒绝接受艺术本身所承载的无法辨识的形式,这个概念寄望于艺术的自律,而拒绝在这个名义下的他律。为了反对这种不连贯性,为了建立一个良好的因果推理关系,现代主义发明了一种典型的寓言,艺术与其所在时代的当代性是同音异义的。这个寓言仅仅是将艺术的现代革命等同于它发现自己最终是封闭的,一个具有纯粹本质的领域。在这里,向模仿的回撤,非常类似于一场造反,一个世纪以来,这个造反被视为从再现的义务下解放了艺术,并发现了艺术有一个独有的目的,直至今日,艺术一直被一个从外部施加的目的所歪曲。所以,对艺术的美学界定,让艺术回归到专属于艺术自身的自律化过程当中,迄今为止,艺术都致力于证明其有能力生产出内在于明确素材之中的思想。这样,文学的现代性在于对纯粹语言能力的开发利用,将语言从交流的义务下解放出来;绘画的现代性就是内在于绘画的双重维度的表面和各种有色颜料的材质之中的力量的征服,将绘画从裸女和战马中解放出来;音乐的现代性,在十二音制的语言中,达到了与表达语言所不能比拟的程序。因此,"艺术的特殊性"这样得到了界定,每一种艺术都宣称实现了它自己特有的意义,这意味着所有的艺术都与其相近的艺术进行明确的区分。同样,它也宣称,在整体上其也维系了艺术和非艺术的区分。

这样,艺术的特殊性被等同于各门艺术的特殊性,各门艺术也十分明智地找到各自的位置,但这种等同关系从未在理论上得到很好的奠基。当其面对混杂拼贴的现实时,在实践上,它越来越令人难以忍受,一个世纪以来,这种混合拼贴已经成为艺术发展的特征,尽管时而有诸如"新拉奥孔"之类的发现,"新拉奥孔"依循着莱辛的发现,重新肯定了各门艺术之间的彻底分裂。① 这就是为什么对任何模糊艺术和非

---

① 参看克莱门·格林伯格(Clement Greenberg)的《走向新拉奥孔》(*Towards a Newer Laocoon*)一文,收录于他的《论文和批评集》(*The Collected Essays and Criticism*),Chicago University Press, 1986.

艺术边界的东西的指责，以及对用一般艺术的话语，特别是用哲学的话语来把握艺术的指责，都服务于"艺术的特殊性"。于是，当代"反美学"就是对现代主义形式的捍卫，坚持不懈地在其目的中将这些东西从"艺术的特殊性"中驱逐出去，艺术的审美体制让艺术得以存在，但代价是让艺术变得面目全非。

我们如何将非美学定位在反美学的一致性的潮流之中，而今天的一致性潮流复活了昨日的现代主义的潮流？我们可以清晰地看到，在巴迪欧思考艺术问题的时候，带有现代主义的典型特征：例如他主张将艺术的现代性理解为反-模仿，在这个意义上，将艺术从对外在现实的模仿的义务中解放出来，他认为艺术的真理是绝对专属于艺术的，并在艺术和关于艺术的话语之间做出了严格的区分，他还认为在各门艺术之间存在着不容践踏的界限。不过，在巴迪欧的作品中，这些现代主义的主张，并没有连贯起来形成惯常的现代主义形象。之所以如此，是因为巴迪欧否认了各门艺术的特殊性寓居于它们各自的**语言**当中。他认为，艺术的特殊性在于其**观念**中。他对艺术的概念的英雄也就是文学现代性的英雄，在泰凯尔（Tel Quel）和结构主义时期，我们知道，巴迪欧说的是《于是乎》（*Igitur*）中的处子之夜，是《骰子一掷》（*Coup de dés*）和《十四行诗 X》（*Sonnet en X*）中的马拉美，但是他并没有在现代主义的阶段上，认识到语言的本质——清晰的或模糊的——而是相反，他认定观念贯穿于其中。简言之,巴迪欧无可争议的现代主义就是带有扭曲的现代主义版本。在巴迪欧的计划中,通过他所谓的超-柏拉图主义(ultra-platonisme),"如其自身所是"的艺术的单纯和现代的本质是扭曲的,甚至是被扭曲了两遍,这种扭曲的现代性囊括在他关于多(multiple)的柏拉图主义的观念之中。

因此,他直接对现代主义的扭曲必须从已经有漫长历史的计划角度来理解,这个计划试图将柏拉图对影像的谴责和对艺术特殊性的承认调和起来。在历史上,这个计划有两种形式。一种是模仿的形式,即文艺复兴时期的新柏拉图主义的形式,潘诺夫斯基(Panofsky)的《观念》(*Idea*)中表达了这一形式。这种形式旨在通过让艺术家成为对永恒观念的沉思者,在感官表象中闪耀着其智慧的光芒,从而让"错误"的模仿回归真实。绘画上的新柏拉图主义,让图像类似于观念,但这并不是巴迪欧的观念。对巴迪欧而言,问题并不在于用感性的类比(analoga)的观念来救赎艺术,也不是在画的表面让永恒性进行自我反思。相反,对于巴迪欧而言,作为一个真正的柏拉图主义者,作为一个现代意义上的柏拉图主义者,就要让柏拉图式的永恒性徜徉在最彻底的反模仿观念之中。其关键在于,在绝对不同的形式中,在柏拉图主义彻底拒绝的形式中,在永不停歇的反复拒绝的行驶中实现完全没有类似的观念:这就是情势的蒙昧,以及戏剧的伪装。对巴迪欧而言,柏拉图主义将不朽的观念凌驾在一切感性的和可朽的东西之上,唯有当喜剧中的享乐主义者、恶棍和厚颜无耻的骗子实现了其要求时,这样的观念才是正确的。这就是为什么巴迪欧推进了一个现代版的《司卡班的诡计》①(*Fourberies de Scapin*),这部喜剧的主角变成了巴黎郊区的一个阿拉伯人。柏拉图主义只有作为柏拉图主义和反柏拉图主义的身份时,才有价值。

但除非通过与第二种"艺术的柏拉图主义"的关系,这种作为对立身份的柏拉图主义不可能与新柏拉图主义区别开来:我们知道,美学时代的柏拉图主义,正如康德之后的浪漫主义和唯心主义一样,将观念贯穿于可感物当中,并将艺术作为对这种贯穿的认可。这种柏拉图主义依赖于作为自我分化的思想观念的美学形象,并在自我分化的可感物中展现出来。巴迪欧不得不承认,在他的"柏拉图式的现代主义"②和美学上对艺术的判定之间十分近似,在适当的意义上来理解,后者敲碎了现代主义的范式。因而,在我们前文所引用的《艺术与哲学》一文中他试图从中将自己清洗干净是徒劳

---

① 《司卡班的诡计》(1671)是莫里哀撰写的一出三幕散文喜剧。司卡班是个听差。他的小主人赖昂德爱上了一个"埃及女人"——其实是赖昂德的父亲皆隆特的朋友阿尔冈特之女。阿尔冈特之子奥克达弗有恰好与赖昂德失散多年的妹妹相爱。两位家长返回的消息引起一阵恐慌。司卡班为了成全这两对情人而使出了种种诡计;终于从两个吝啬的家长手中拿到了从埃及人手中赎回这两个女子需要的钱。最后,两家失散的女儿都认了父亲,再加上婚事的喜悦,皆隆特饶过了司卡班。不过朗西埃在这里所指的现代版的《司卡班的诡计》应该指的是巴迪欧自己创造的戏剧《哲学家阿赫默德》(*Ahmed philosophe*)[这部戏剧是三部曲,另外两部是《懊丧的阿赫默德》(*Ahmed se fâche*)和《狡猾的阿赫默德》(*Ahmed le subtil*)],Actes sud, 1997, p.212 - 213。——中译注

② Alain Badiou, *Petit Manuel d'inesthétique*, op.cit., p.12.

的，他将美学对艺术的界定归为浪漫主义的特有理论，又十分迅速地将浪漫主义等同于基督教，换句话说，即将浪漫主义等同于受难和可朽身体的令人厌恶的怜悯。这些操之过急的搅拌，让他想要清除干净的问题纹丝未动。事实上，问题并不在于在可朽身体和永恒观念之间二择其一。问题在于要界定这种永恒性贯穿于其中的地位。

在巴迪欧的著作中，所有这些都来自黑格尔意义上的浪漫艺术的图像，这并不是一个十字架，而是一座空坟——一座没有观念的空坟，观念已经回归天国，不会再次降临。问题并不在于死亡与不朽的斗争。准确来说，这个斗争已经了结了。问题在于，要知道复活的基督已经经过了**那里**，而我们在这里寻找复活的基督都是徒劳的。黑格尔的剧本囊括了艺术和真理的地位，在剧本中，艺术与真理不停地先于或后于自己而运转。在剧本中，宗教所无法思考的永恒，却铸就了永恒的雕像，在剧本中，一种思想形式无法赋予永恒以可感的外观，却构筑了天主教尖尖的塔顶。问题并不在于病态地颂赞受难的身体，而是永恒在寂静的雕像和思想的退场之间穿梭徘徊。事实上，在这个空坟周围，我们可以感受到所有那些威胁到柏拉图主义/反柏拉图主义的观念在艺术中的贯穿的东西的阴霾的存在：这完全不是受难，而是教会或共同体的荣耀身体的问题，这是一种诗的生成哲学，是绝对永恒的生成形象和即将来临的想象，也是艺术生成博物馆和生成考古学；总而言之，通过所有这些形式，这些可感物被绝对观念所吸收,而通过美学上的艺术界定,绝对观念在这些可感物中得到实现。的确,所有巴迪欧对诗歌和艺术作品的分析都让我们回到了同一个原初的场景,它总是以同样的方式重新粉墨登场。每一次,问题都在于让其在这个空坟墓中显现——不是一个业已消逝的身体,甚至也不是一个重新上升到天国之中的观念——是在天使那色彩斑斓的翅膀和言辞下的永恒的当下,它一次又一次地宣布,在其过程中绝对观念得到了证实:复活天使,报喜天使,像兰波的天才那样,证明了每一次当绝对观念重新降临的时候,事件都会焕然一新。在这里关键问题在于让这个过程得以持续下去,在阻止绝对观念降临从我们身边溜走的时候,在这里永远地创造出让绝对观念得以贯穿的不连贯性,无论是在事物的哑然无声的状态中,还是在思想的内部。

因此,巴迪欧将锐利的柏拉图的切割之刀插入了艺术的形式和生命的形式,艺术形式和关于艺术的话语,艺术形式和非艺术形式之间在美学上难分彼此的区域当中。在浪漫派的柏拉图主义那里,他们肯定了艺术是反模仿的,并认为艺术依赖于真理及其贯穿,巴迪欧所带来的是另一种柏拉图主义,这种原创性的柏拉图主义正是通过将真理多元化为多个真理,在对可感物的整体耗费行为中,一遍又一遍地让永恒性得以运作。他希望永恒性贯穿于新的区分之中,让绝对观念的光芒在可感物的消退中熠熠生辉,由于绝对观念不让自己的密码消逝在石头的沉默、文本的难以理解的符号、生活的外表或集体的韵律当中,肯定了观念降临时,具有绝对不引人注目且总是有些类似的特征。他所希望的与其说是为诗歌和艺术来保存一个特有的维度,不如说是为绝对观念保留一定的教育价值。

这是因为,作为一个柏拉图主义者,也意味着要坚持认为归根到底,诗的问题就是伦理问题,诗歌和艺术都在于实行教育。一般而言,美学上的柏拉图主义涉及一个教育与艺术特有的真理相背离的悖论。不过,我们可以用两种方式来理解这一点。一方面,有一种浪漫的教养(Bildung),也就是说,这种方式将艺术形式等同于自我培育的生活方式。另一方面,巴迪欧的超-柏拉图主义在这里提出了唯一的进行教育的事物,我们知道,这就是对观念的沉思。在巴迪欧的柏拉图主义的现代主义中存在一个悖论:让巴迪欧远离了现代主义的艺术自律的原因正好也迫使巴迪欧在一个模棱两可的范围内,采用了其中的几个基本命题。例如,他需要承认几个事情:存在着艺术或诗的特殊性,这种特殊性只有在现代性降临的时候,在其最纯粹的地方展现出来,这种特殊性就是自足真理的展现,这种自足真理完全不同于任何关于艺术终极目的的话语,最后,"艺术的特殊性"总是**某一**门艺术的特殊性。他所需要做的,并不是通过普通的现代主义者对每一种艺术"语言"上的信念来做到这一点,而是因为,这就是艺术区分的前提条件,通过这些区分,绝对观念得到了证实,并让其可以在教育中展现出来。他这样做不得不冒一个悖论的风险:即他不得不将艺术反模仿的区分,建立在属于模仿逻辑的范畴基础上。

例如,我们思考一下,巴迪欧反复提到了内在于马拉美诗歌中的思考与马拉美关于诗的宣言的对立。事实上,区分诗歌的思想和关于诗歌的话语之间对立的基础恰恰在于传统在诗歌和散文之间做出的区分。但一般性的艺术的美学体制,尤其是马拉美的诗歌,认为在散文中的评述和韵文中的诗之间对立,根本没有任何歧视性的关联:《诗的危机》(*Cris de vers*)并不是马拉美论诗的文本,它就是马拉美的诗的一个篇章,不多不少,它正好与《十四行诗 X》差不多,对于《十四行诗 X》而言,它就是关于诗的难以区分开来的诗和陈述。我也思考过巴迪欧将现代性等同于反模仿的主张:"现代诗就是模仿的对立面。在其运作中,它展现了绝对观念,它的对象和客观性再现的仅仅是其苍白的复本。"①巴迪欧十分明显地加入的切割区分的行为,逾越了陈述本身的区分能力。后者仅仅是奠基了模仿体制的对观点的复活,在亚里士多德的《诗学》的第九章中,肯定了这一点,我们知道,这就是诗歌凌驾在历史之上的优先地位。此外,他引用了马拉美的两行诗,借此来证实"现代"的断裂("寒冷的清晨还在顽抗,没有水声的嘈嘈切切,唯有我手中的芦笛的浅吟低

---

① Alain Badiou, *Petit Manuel d'inesthétique*, op.cit., p.38-39.

唱"①)这两行诗说的不仅仅是来自拉封丹②(La Fontaine),我们已经太习惯于使用典型的模仿体制的解释:"厄尔黛西(Hortésie)在其石榴裙下施展她的魅力,在我的诗句中,还有什么比她自己的作品更美丽的东西吗?"通过这样的表达,巴迪欧试图概括反模仿的现代性,事实上,这种表达就是最传统的模仿公式。

在最陈旧的模仿艺术原则基础上来奠基现代诗歌的反模仿的独特性,这种企图并不是一时的疏忽。实际上,巴迪欧所希望的,更希望从感性(aisthesis),也就是说从美学上对真理贯穿的界定,而不是模仿(mimesis)来保存马拉美的诗。反对绝对观念的道成肉身,反对绝对观念被可感物质所湮没,巴迪欧希望的是确定这种绝对观念,成为一种纯粹缩减(soustraction),成为可感物的整体消失的纯粹操作。不过他也希望避免让这种缩减变成完全消失,让观念作为一种痕迹留存下来。他希望确定的是,这两个有矛盾的原则之间的契合衔接。首先,绝对观念是缩减。其次,所有的缩减是对一个名称痕迹的肯定性的操作。对于巴迪欧而言,哪里有命

---

① 这两行诗摘自马拉美的《牧神的午后》(l´Aprés-midi d´un faune),巴迪欧在《非美学手册》的"什么是诗,以及它如何思考哲学?"一文中引述了这两行诗文,参见 Alain Badiou, *Petit Manuel d'inesthétique*, *op.cit.*, p.104.——中译注

② 拉封丹(1621—1695)是法国古典文学的代表作家之一,著名的寓言诗人。他的作品经后人整理为《拉·封丹寓言》,与古希腊著名寓言诗人伊索的《伊索寓言》及俄国著名作家克雷洛夫所著的《克雷洛夫寓言》并称为世界三大寓言。主要著作有《寓言诗》《故事诗》《普叙赫和库比德的爱情》等。他被19世纪法国著名文学评论家泰纳誉为"法国的荷马"。雨果的《巴黎圣母院》以及莫泊桑的《一生》都提到他是法国古典文学作家中著名的诗人。——中译注

名,哪里就有艺术。此外,对他而言,最适合的概念不是艺术,而是诗。正如海德格尔一样,艺术的本质就是诗的本质。诗的本质在于刻画,在于保留,所保留的不是那些业已消失的事物,而是那个消失本身。这就是为什么在巴迪欧的艺术体系中只有两种形式是真正有必要的:即诗和戏剧,它们作为一种场所,在那里,这些确证得以运动起来。

所以,他准备将诗的地位确定为语言学上的刻画。这种操作是非常艰难的,因为它违背了诗歌的布局,这是一个内在于艺术的美学体制之中的布局,而他所参照的诗人,马拉美,就是一个著名的理论家。此外,巴迪欧那篇关于舞蹈的文本,实际上是以马拉美的名义,用马拉美来解决问题。在一个著名的段落中,他将舞蹈家的艺术概括为"解放了所有抄写机器的诗"。这个论断是悖谬的,巴迪欧告诉我们,这是因为"诗歌,在定义上,尤其在马拉美的概念中,就是一个痕迹,一个刻画"。① 在我看来,这纯粹是巴迪欧自己一个人的"定义"和"独特性"。因为在马拉美那里,诗歌总是措辞谨慎,精心筹划,而不是什么业已消逝的事件的痕迹,而仅仅是一种勾画的行为:使用出现和消失是用来与诗的"主题"做对比——折扇的运动,头巾的运动,幕帘的运动,波浪的运动,金色篝火袅袅升起的运动,或者雪茄烟雾的运动。正是在这样类比的布局中,诗才被架构为绝对观念的结果。从此而得

---

① Alain Badiou, *Petit Manuel d'inesthétique*, op.cit., p.104.

出的结论——马拉美有时会承认,有时会否认这个结论——为了保障诗歌的"清晰",就继续将思想观念付诸言辞。这个结论恰恰是这样一种可能,即诗可以"解放所有的抄写机器",但这种可能性在于,即通过某种方式,目不识丁的舞蹈者的双腿,对其一无所知,却将观众们的梦想转译了出来,即在观众那里,"舞蹈者的双腿"如同生花妙笔。其理由在于,诗在步伐上推进,在材质上展开,在声音上衍射,在金碧辉煌的大厅里反射,并在披肩的细丝上折射。

巴迪欧所希望的正是从所有消失的运动中,在五彩斑斓的天使翅膀的碎裂中,在所有它的讯息的消逝中留住马拉美。因而他改写了诗人的文本,从而改变了其意义。马拉美给出了自己的双重概念,马拉美向处在梦想中的观众展现了芭蕾舞步的书写何以可以类比为"赤裸裸的概念"。而巴迪欧将两套思想的类比关系变成了思想自身的隐喻,仿佛"除了和它自己,它与任何东西都没有关系"。[①] 他说,舞蹈表达的是赤裸裸的概念:于是,它不再像马拉美一样,成为专属于观众-诗人的独特"梦想"的图示,相反,它成了一般观念的最低限度的感性存在模式。于是,创造(poiesis)和感性(aisthesis)之间的鸿沟——正是这个区分的鸿沟界定了真正的"现代的"艺术的美学体制的特殊性——发现自己消失了。舞蹈成了倾向于迎接观念的贯穿的身体的展现。于是,与马拉美

[①] Alain Badiou, *Petit Manuel d'inesthétique*, op.cit., p.105.

的类比不同，各种艺术形式的高低贵贱被建立起来，用以支撑艺术的地位——首先是诗的地位——作为进行教育的真理的产物。

为了达到这个目的，就必须要把马拉美的诗从哪些折扇、邮政地址、用甜美封套包装起来的诗句解放出来，而这些东西构成了马拉美诗歌的绝大部分内容。① 于是，这些诗在其布局中，必然不是那些诗句描绘出来的曲线，而是各个名称连续、替代和刻画的程式。最后，马拉美的诗必须置于双重主张的裁定之下，即它需要诗具有不可化约的自律性，也需要哲学家来"认识其真理"。这就是巴迪欧提出的双重公理：首先，诗在一个非反思的模式中"思考自己"。因为其是非反思的，它排除了所有的诗之诗（poème du poème）。但是由于其产生了它自己的思想，它拒绝了任何可以道出其思想的哲学的干预。其次，诗的思想操作正是在于将自己的思想缩减出来，因而，它赋予哲学一个任务，即要求哲学去认识它所缩减出来的真理。通过这种方式，第二个公理，在一种哲学中保存了诗的思想，从而让诗有幸摆脱了一切与之竞争的东西。

但是，究竟其**认识**了什么？也就是说，在更明确的意义上，究竟它**命名**了什么？通常，这就是诗的地位，它既是对绝对观念消逝的确认，也是对其隐喻地描绘。如果巴迪欧说，

---

① Mallarmé, *Vers de circonstance*, Bertrand Marchal(ed.) Gallimard, coll. "Poésie", 1996.

舞蹈是思想的隐喻，为真理展现了身体的能力，那么我们也可以说，在巴迪欧的作品中，艺术展现的一般地位，就是标明和用符号表示出观念的贯穿，说明身体向真理的贯穿开放，这个身体就是迎接真理的场所，它所把握的一个集体。于是，巴迪欧用自己的方式复活了黑格尔的象征艺术图示。与黑格尔一样，他按照言说的巨大力量来配置艺术。在黑格尔那里，建筑是第一艺术，这是一种沉默的艺术，它纯粹通过朝向天空的升高来徒劳地言说。在巴迪欧那里具有同样地位的是舞蹈，舞蹈的升华展现了思想可以降临身体。舞蹈可以实现这一任务，在于舞蹈展现了大地可以变成天空。但是，对于巴迪欧而言，这种第一艺术不可能成为一种沉寂的语言。它必然已经是一种肯定。大地变成天空就是对大地的**命名**。① 在这一点上，重要的是要看到这个词的双重意义。通过设定，舞蹈提升了大地，而这个提升运动让舞蹈在艺术中地位得到提升，被命名为艺术的一个层次，尽管它处在艺术阶梯（这个阶梯最顶端的是诗）的最底端，作为一个刻画下来的名字，它足以为这个地位感到骄傲。

对此，必须要牢牢把握诗，来肯定名称，必须将其言辞从某种命运中解脱出来，在这种命运下，诗歌会在化石和隐秘书写之间，在荣耀的身体与粉丝的活动之间，在愚蠢的绘画

---

① "是的，舞蹈事实上每一次都有一个新的身体赋予大地的名称"，Alain Badiou, *Petit Manuel d'inesthétique*, op.cit., p.111. 将这里对大地的命名与海德格尔对诗的思考对比一下，会十分有趣。

和人民的歌颂之间的来回反复循环,在这样的命运下,美学上的诗的体制,需要**不断地**迫使诗来回游荡,从诺瓦利斯游荡到普鲁斯特,从巴尔扎克游荡到马拉美,再游荡到兰波;同样,它不仅需要通过音乐、绘画和舞蹈来游荡,还需要通过凸版印刷术、装饰艺术和焰火技术来实现游荡。巴迪欧所指的诗歌是柏拉图的逻各斯秩序。他将这种逻各斯变成了一般性的思想魄力的特有的金科玉律。因此,诗成了思想的导向,我们知道巴迪欧的品位就是将这种金科玉律从诗歌中萃取出来,赋予其一般价值:"我们肯定你,方法"(兰波),"倚靠**在无意识之上**"①(策兰)。但与此同时,他又驳斥了这样的观点,即诗对思想的导向或许是自足的。于是,这就需要哲学来辨识诗歌所引导的方向。这个变化意味着,写下名字,道出金科玉律,是作为形式-诗歌(forme-poème)的后果而提出来的。所以,这个形式必须还原为命名装置,而这种装置是作为从诗歌中萃取出来的**思想**而提出来的。在严格的阿尔都塞主义逻辑上,哲学的使命就是去辨识这些诗歌抛出来的谜一样的真理,唯有奇迹才能发现它自己的真理,据说,其中的不少真理已经被剥夺了。只有通过这种方式,哲学才能发现"鸢尾花家族"的"职责"[马拉美的《颂诗:为艾桑特而做》(*Prose pour Des Esseintes*)]不过就是"思想的职责",而

---

① 朗西埃在本书法文原版标志的这句话来自佩索阿的诗歌,这是朗西埃本人的失误。但实际上这首诗来自保罗·策兰,本书的英文版对此进行了纠正。——中译注

思想的职责就是"决定那些无法决定的点",而这就是在不可决定的地方做出决定的迫切要求,其关键在于去追问是否知道附近有一艘船的残骸,或者是否知道泡沫并非不是那些诱惑我们(向着她们那让我们不能自拔的胴体)①的塞壬女妖飞行的轨迹。结果,马拉美的诗,本身就是诗的寓言,而巴迪欧将之变为一般性事件的语言,以及思想付出努力的魄力的寓言,让思想艰难地生存下去。所有的诗都说的是一件事,也仅仅只说了一件事。因而所有诗与其他所有诗相比,都从属于同样的论证,都同样指派了言说两次的任务,也都表达了同样的观念的事件,这个事件既是对金科玉律的肯定,也是一个缩离的谜题。

因此,诗在字面上就是对观念的**模仿**,它直接完成了其柏拉图式的用于肯定的伦理使命,以及黑格尔式的用来掩饰思想的美学使命。这两个陈述让诗同时与埋藏在化石的泥土中浪漫主义的纠结,以及随风飘荡中的象征主义的昙花一现都保持了一定距离。因此,巴迪欧宣称诗已经避免了两个问题:"诗之诗"的问题,以及让哲学称为诗之哲学的问题。但他仅仅只是在表面上回避了这些问题。这是因为,在他的分析中,"问题"被还原为某种隐喻,即通过这个隐喻,哲学在形象中认识"诗之思",即真理-事件的思想,我们可以发现,诗双重表达了这种思想,即一方面是对规律的肯定,另一方

---

① 参看 Alain Badiou, *Conditions*, Le Seuil, 1992, p. 108sq.

面是隐喻的穿透性;对规律的肯定和隐喻的穿透性是彼此分开的,而将它们分开的就是那种不太深入的不停进行穿越的潮流。那么,在这里,这种哲学与诗的连接——用巴迪欧的话来说,即"缝合"——正是它的否定来产生的。诗所说的仅仅是哲学想要它说的东西,而哲学假装在诗的惊奇中发现了这些东西。这个否定性的连接,即通过否定所打的结,并不是疏忽大意的结果。对巴迪欧来说,只有通过这种方式,才能保证两个针锋相对的要求之间的必需的,但又是不可能的和谐一致:一方面是告知我们真理魄力的诗的柏拉图式/反柏拉图式的要求,另一方面是现代主义对艺术自律的要求。

  巴迪欧关于舞蹈的说法,或许可以一般化为他的整个理论体系。当从舞蹈中萃取其理论原则的时候,巴迪欧强调说,并不是舞蹈"本身"十分重要,也不是它的技艺和历史十分重要,相反,它之所以重要,是因为"它迎接着哲学,并接受哲学的庇护"。[①] 对他而言,只存在着在哲学的荫庇下的舞蹈的真理,就是说,在哲学与舞蹈的衔接中才有舞蹈的真理。有一种反对意见会认为,这样一种命题并不是专属于舞蹈的命题,而正好对于巴迪欧来说,舞蹈不是真正的纯粹艺术。还有,哲学可以也必须与舞蹈衔接起来,从其**运动**中萃取出真理之身体的具体展开的**符号**。但我们可以通过提出这种"并非艺术的艺术"的地位问题来颠倒这个问题。于是,我们

[①] Alain Badiou, *Petit Manuel d'inesthétique*, op.cit., p.99.

可以这样来提问,如若巴迪欧自己对艺术的分类,并不一定用来保障艺术不容践踏的"特殊性"和每一种艺术的纯粹性,因为他将艺术和某种并非艺术的东西——无论这种东西是哲学还是这个世界上的不幸——变成为一种居留的地盘,变成为一个边界。那么,我们同样可以质问,在那些边界上是否可以找到那种张力关系,而巴迪欧在这些边界上用醒目的"非美学"的标题摧毁了柏拉图主义与现代主义的结合。在巴迪欧的作品中,艺术体系看起来实际上是一个防守严密的堡垒,守卫这些堡垒的就是被巴迪欧置于边界大门上的守卫——在它的大门处——那些守卫被非艺术的困境和这种关系的模棱两可折腾得笨拙无比,也正是这些守卫守护着堡垒中心的空无,在那里,诗的处子般的纯洁被放置在至尊地位之上。但是在边界上的这些模糊的交融,或许已经成熟到可以在巴迪欧的思想与正宗现代主义范本之间制造出新的对立。

正如我们看到,在巴迪欧对舞蹈的分析中,这个张力关系是明显可知的。一方面,哲学的"庇护"赋予了舞蹈一把锋利的用于切分的手术刀,这把手术刀切入到马拉美在舞蹈和诗之间所做的类比之中。但是,与此同时,因为艺术"运动"和哲学"概念"之间公开的关系,也摧毁了整个分割的大厦。它回到了"中心",并被迫对艺术生产和属于艺术的思想形式之间的美学关系进行新的思考。巴迪欧用来拓展其体系的概念——无论是他用来彻底思考艺术的主体的**构型**(configuration)的一般观念,还是他用在电影上特有的**沾染**(impurification)观念——都涉及诸多摒弃现代主义特有的对立关系的方式。构型观念,最初是在谈论电影时引入的,因而不得不重新布局诗及其思想之间的关系,一种因诗歌的"事件"理论而导致的重置(remise)。很明显,在《非美学小手册》中第一个构型/主体的例子就是"悲剧",我们在一个名为埃斯库罗斯的事件下得到了启迪,并在欧庇里德斯那里达到了饱和。诗的构型是一种非常清楚的缝合构型:这是一种被从谢林,到尼采,再到海德格尔等人的哲学概念所庇护的"古希腊悲剧";古希腊悲剧就是一个哲学概念——也是第一个"登上舞台"的现代艺术的主题。

但现代主义对立变得模糊起来的最明显的例子是电影及其"不纯粹性"。巴迪欧认为电影是一个"哨所",它处在我所说的分隔了艺术与非艺术前沿阵地上。电影起到了守门人/保镖/过滤器的作用。但是,对他来说,电影也是现代主义在艺术和非艺术之间的区分的危机——或者用他的话来说,缝合——的见证者。巴迪欧说,电影有两个伟大的时代,一个是好莱坞电影的再现时代,另一个是反-叙事,反-再现的现代时代,今天是第三个时代,即通过某种方式,一种尚无法辨识的范式已经规定了电影的"艺术价值"的时代。但这种时代划分方法是有问题的,因为他简单地区分模仿与反模仿的东西就是原来的反再现范式,通过这种方式,在好莱坞对电影进行标准化制作之前,就宣布了电影是一种艺术:它是在理论家们从马拉美和舞蹈那里借来的身体和影像运动中观念的直接出场。在这里，可以进一步提出，这样一种清晰划分的范式，就像一种"宏大叙事"，它是一种回溯性的视角，掩盖了二十世纪艺术的实效机制的两种对立的构成性范式的展现。巴迪欧所描述的仅仅是其他东西可以称之为电影的后现代时代（"后现代主义"不过是对美学上混杂的现实的现代主义范式的不连贯性的祛魅式的承认而已）。在这里，有趣的是这个策略性的颠倒，这种诊断需要在再现和反-再现时代之间做出区分的基础上来实现，因为他肯定了电影没有遵从艺术的内在区分的原则，因为电影并不是真正的艺术，或者说，电影完全是一个特殊的艺术：一种不纯粹的艺术，或者一般意义上混杂的艺术，它是由其他各种艺术（小说、音乐、绘画、戏剧）混杂而成的。一方面，巴迪欧像这样重复了巴赞的主题[1]，但另一方面，他又将之激进化。对巴迪欧来说，电影不仅是由其他各门艺术组合而成，而且电影的特殊任务就在于让各门艺术不再纯粹。

赋予电影一种不恰当的"特殊性"就是对这种不纯粹的艺术的特殊的排斥形式，即在艺术和各门艺术之间不做区分的体制。巴迪欧将之归为边界，他赋予了某种艺术去"沾染"所有艺术门类的责任，在所有艺术门类中穿越——从马拉美与其他既定的概念程式开始——它已经侵染了所有艺术门

---

[1] André Bazin, "Pour un cinema impur: Défense de l'adaptation", *Qu'est-ce que le cinema?*, Le Cerf, p. 81-106.

类的领域，模糊了像言辞、舞蹈或马戏这类的表演之间的界限，模糊了绘画和雕塑之间的界限，或者模糊了照相术与光投影（projection lumineuses）艺术之间的界限。事实上很明显，电影影像的"沾染"有很多先驱。首先，在成为一种总体艺术作品之前，或者进一步给予其"肥皂剧"（soap-opera）名称之前，歌剧是作为对古希腊悲剧的重塑而出现的。那么，戏剧艺术也有很多那样的"沾染"——它将布景艺术、格斗竞技、马戏竞技、生物力学和象征主义的编舞拼接在一起——通过这些"沾染"，戏剧（théâtre）被公认为是一种自律艺术——最后这个名字是一种登上舞台表演的艺术形式的名字。许多拼贴的图示、演出，以及摄影视觉，都是在这些"沾染"的领域内形成的。巴迪欧必须在内部将所有这些混杂的装置切分开来，其目的是将这种不纯粹的东西归结为边界上的一个位置。巴迪欧在戏剧中排斥了电影，这样，他可以将戏剧变成"规则"的纯粹"场所"，将登上舞台的出演变成偶然性的刹那，通过这种偶然的刹那，文本之中的大观念的永恒变成了潜在真理魄力的共同集合。他不得不将这种沾染的不纯洁集中在电影领域。所以，巴迪欧除了将电影立即推向艺术的边缘之外，他并没有意识到这种艺术美学体制在构成上的不纯洁性，即混合性，而艺术的独特性只能依赖于艺术的美学体制而存在。

在巴迪欧赋予电影这种不纯的艺术的其他功能上，也存在着同样的问题：清洗了可以从非艺术中清洗的部分。电影在形式上"沾染"其他艺术门类，实际上，按照巴迪欧的说法，通过这种方式，电影清洗了自己的不纯粹性；在这个方面，电影清洗了所有的想象，所有的作为原初材料的视觉原型。这样来看，电影被一分为二：一方面，它是清洗了视觉原型的艺术，用居伊·德波的话来说，电影将之构筑为一种景观，也就是说，一种影像形式；另一方面，它又是各种可见的社会原型的循环，例如，今天各种色情图片、高速度、灾难或者虚拟物的原型。不过，一般意义上的电影也清除了非艺术。它构成了边界和穿越点，过滤了那些非艺术的东西，在过滤之后成为艺术。

在这一点上，巴迪欧展示了其对于艺术的美学体制的一般法则，不过，他仅仅在摄影图像的类型上来认识电影，并试图将之归结为艺术的边界。他关于电影的说法同样可以很好地应用于文学——作为一个理论家，巴迪欧仅仅从诗歌的角度来认识文学。因为文学，从其不适宜的构成上来看，它成了在艺术和非艺术之间的不可辨识的边界上——永远需要重新回返——不断协商的典型过程。考虑到摄影的不纯粹性，巴迪欧自己试图指向兰波试图从中获取心新诗歌财富的"愚蠢绘画"（peintures idiotes）。但我们也可以想起巴尔扎克及其"沾染"纯粹叙事散文流的方式，他通过让文学"沾染"了来自绘画的精华，从尼德兰绘画中所萃取出来的精华来描绘故事，正如前文所说，由于黑格尔及其他一些人，文学在思想和图像的美学上的联合中起到了主要作用。通过绘画所沾染的散文，以及通过散文所沾染的绘画，在巴尔扎克的作品中，培育出了一个"纯粹化"的进程，这个进程总是处在无法辨识的边缘处，它不断重组和重新布局了报纸专栏小说中的诸多原型，而且也重组了他那个时代里特殊的生理学所阐明的想象视觉模式的各种原型，这就是社会给予自身的表达呈现，是构成社会的各种类型的配置的呈现。电影作为艺术和非艺术的双重性，就像沾染和清洗一样，事实上它让我们回忆起界定了艺术的美学体制的艺术与非艺术之间交流互动的漫长的历史。于是，即便巴迪欧试图摆脱艺术的美学体制，他的非美学概念事实上激活了与美学进行新的对话的灵活的方式。这并没有摧毁，而是质疑了巴迪欧用来挑战艺术的美学体制的方式。

这样，非美学说明了自己就是三个进程共同的名字——同名且意义模棱两可的名字——巴迪欧的现代柏拉图主义，通过这三个进程，直接面对了艺术这个同一名称下的意义上模棱两可。首先，非美学命名了一个掩盖的操作——一种与艺术的美学体制脱节的操作——通过这个操作，"诸多的柏拉图主义"被确立为思考艺术的形式。非美学命名了这样的操作，即巴迪欧通过这些操作，试图将艺术的——诗歌的——"真理"从未分化的不断变化的宇宙中分离出来，在这个宇宙中，美学体制将艺术形式、生命形式，以及思考艺术的形式紧紧地结合在一起。其次，非美学决定了一个扭曲的必然性，按照这个必然性，导致美学的柏拉图主义掩盖了真理的柏拉图主义的分隔线,与现代主义试图保障"艺术特殊性",避免让艺术堕入到美学上彼此无区分状态的东西是和谐一致的,这样,柏拉图的艺术的异质性,与现代主义的艺术自律的学说契合在一起。然而,非美学,似乎也界定了第三个进程,这个进程是对前两个进程的完成和质疑。它界定了一种运动,在那里,对艺术,尚不是艺术的东西,以及艺术和非艺术的地盘的分配,否定了其所服务的目的,也再一次释放了那已经被封锁的东西,再一次将艺术和非艺术,同关于艺术的关系衔接起来。那么,在这样的方式下,非美学就不能再等同于巴迪欧用自己的词语来转译的现代主义的反美学的成就。相反,他可以作为一种重新塑造艺术"特殊性"同名之物的过程的名称。与这种反-美学的憎恨和后现代的愚蠢不同,这个过程或许可以视为一种时空,从此来挑战巴迪欧作品中现代主义将思想和艺术衔接起来的纽结,来重新思考辨识艺术及其同名之物的错误证据。

然而,这并不意味着巴迪欧所理解的非美学是沿着这条道路前进的。在他的"肯定主义宣言"一文中,他提出了他自己艺术观的综合体系,这揭露了巴迪欧更关心的是重新确定从属于教育视角的"艺术的特殊性"。在这条道路上,非美学只能陷入现代主义的主要矛盾之中。这个主要矛盾可以简单地归纳如下:人们越是强调艺术的特殊性,就越倾向于将这种"特殊性"等同于完全不同的经历,其最终模式就是圣保罗在突然遭遇到上帝时的紧张,或者如上帝在云端对摩西说话。正如在"肯定主义宣言"中所说的那样,"当下所是的艺术,即将来临的艺术,都应当结合起来像证明那样稳固,像夜袭那样出人预料,像星辰一样高高在上"①。这个概括绝不是简单的修辞上的类比。其以十分典型的方式指出了巴迪欧的问题式(problématique)的核心问题:这是一个双重转化,它既将革命性的分割转变为拉康式的与戈耳贡②(Gorgone)的相遇,也是将戈耳贡转化为柏拉图所谓的大观念。为了指出所是的艺术与应该是的艺术之间的相同性,艺术必须由突然与他者的相遇所决定的律令下的纯粹经验来创造。在这一点上,适宜于大观念的非美学的柏拉图式的力量,与适宜于崇高美学的大他者的律令的宣言结合在一起。它们二者都将艺术分离于美学,仅仅是为了让其走向伦理上的未加区分的混沌。③

---

① Alain Badiou, *Circonstances II*, Léo Scheer, coll. "Lignes", 2004, p. 103 [一个更原始的版本,也更富有争议,是以《肯定主义第一宣言概略》(*Esquisse pour un premier manifeste de l'affirmationnisme*)为标题出版的,收录于 Ciro Giordano Bruni 主编的《乌托邦3:第三个千年的艺术问题》(*Utopia 3. La Question de l'art au troisième millénaire*),GERMS, 2002.]

② 戈耳贡是希腊神话传说中的蛇发三姐妹,是海神福尔库斯的女儿。她们的头上和脖子上布满鳞甲,头发是一条条蠕动的毒蛇,长着野猪的獠牙,还有一双铁手和金翅膀。她们分别是丝西娜(Stheno)、尤瑞爱莉(Euryale)、美杜莎(Medusa),在西方传说中以丑陋闻名。许多的西方小说中都有关于她们的记载和故事,比如说《浮士德》中,就有魔鬼向三姐妹借形体的情节。蛇发三姊妹中,又以美杜莎最为出名。——中译注

③ 本文最初是1999年在波尔多举行的关于阿兰·巴迪欧的研讨会上提交的论文,后来以会议论文集结集出版,有夏尔·拉蒙(Charles Ramond)主编的《阿兰·巴迪欧:对多的思考》(*Alain Badiou: Penser le multiple*), L'Harmattan, 2002.

第四章 利奥塔与崇高美学：反读康德

"一个世纪以来，艺术并没有将美作为其主要因素，它只有来自崇高的东西。"①这个句子可以看作让-弗朗索瓦·利奥塔关于艺术、先锋艺术及其未来的论文集《非人》(*L'Inhumain*)的论点的总结。这个句子对康德在《判断力批判》中的两种类型美学做出了彻底的区分。一方面，存在着美的美学，这种美学宣扬的是趣味判断的古典世界和大美的理想。但一种新的走向公众的展览和沙龙的出现，它们无视艺术的规则和趣味的原则，这实际上公开地废除了整个美的世界的合法性，这迫使康德的批判不得不考虑一些奇异的概念：没有概念的普遍性，没有终点的目的性，没有兴趣的快乐。另一方面，可以认为，崇高美学考察了艺术可感材料和概念法则之间的矛盾。利奥塔甚至认为，这种美学提供了一种可维持的基础，在这个基础上，可以建立先锋音乐和绘画

---

① Jean-François Lyotard, *L'Inhumain*, Galilée, 1988, p. 147.

的特有任务:去见证那些无法展现的东西。他将这个消极的任务,与作为一种话语的实证主义的虚无主义做了对比,那种话语,在文化的名义下,在文明的业已废弃的理想中取乐。对利奥塔而言,美学上的美的虚无主义与作为见证崇高的艺术之剑的持续不断的冲突,是通过恢复绘画中的形象描绘(figuratif)或混合了抽象形式的形象描绘[正如我们可以在某些超先锋(trans-avant-gardisme)艺术或新表现主义(neo-expressionnisme)艺术作品可以看到的那样]来实现的。

利奥塔引述康德的崇高概念,立即产生了一个问题,我们可以简要地阐述这个问题。从康德的角度来看,崇高艺术的观念似乎是矛盾的。在康德那里,崇高并不决定艺术实践的产物。即便我们站立在罗马的圣彼得大教堂前,或者站在吉萨的金字塔前,所体会到的崇高感并不会指向米开朗基罗或埃及建筑家的作品。它仅仅转达了这样的感觉,我们无法想象如何去把握作为总体的纪念物。不能想象如何符合理性地展现总体性,与在自然的苍莽面前的这种孱弱无力的感觉相比,会立刻将我们从美学的维度带向道德的维度。这一个标记,让我们想起了凌驾在自然之上的最高权力的事实上的理性,它也是在超感性秩序中的正当使命。于是,如何在理论上奠基一种崇高的艺术?相对比而言,如何界定这样一种艺术的特征,这种艺术超越了艺术的维度,进入伦理的空间之中?

很明显,利奥塔注意到了这个问题。但他提出这个问题,仅仅是为了在更大程度上去压制这个问题。他说道:"崇高,不过是在美学领域中伦理的牺牲宣言。"①而由此,他演绎出这样一个问题:"在这样一种灾难的背景下,什么是艺术,绘画和音乐,一种艺术而不是道德实践?"②我们下面来谈谈"牺牲"和"灾难"的问题。不过,首先你们要注意到,他正是通过这种概括问题的方法,来进行这样特别的歪曲。这个问题或许应当这样来想:是否存在这样一种崇高的艺术?利奥塔用另一个问题取而代之:**哪种类型的艺术**会对应于这个范畴?一种作为"灾难的艺术"的崇高艺术的属性是什么?所以,这个问题得到了一个预料之中的回答。这个回答进一步实体化了崇高艺术的观念。

毫无疑问,将崇高感转化为艺术形式不过是新瓶装旧酒。黑格尔已经通过将崇高变成艺术的属性,从而将康德的崇高实体化了。他不仅定义了一种崇高艺术,而且将感性表达的观念与能力之间的矛盾转化为一种原则,而他又将这个原则说成是象征艺术的原则,即艺术的观念并没有获得充分的规定,而足以让其变成感性质料。即便如此,黑格尔的这种崇高的歧异(désaccord)就是康德根源中的问题,因为它涉及的是各种"技能"之间的歧异,它指的是艺术家试图将之转化为言辞或石材的观念。在这一点上,利奥塔的崇高,不同于此前的崇高。利奥塔指出,其力量就是感性本身的力量。

---

① J.-F. Lyotard, *L'Inhumain*, *op.cit*., p. 149.
② J.-F. Lyotard, *L'Inhumain*, *op.cit*., p. 150.

美的艺术试图将观念施加于材料,而崇高艺术则在于去接近材料,"接近在场(la présence)而无须求助于表达手段"。①于是,关键在于去直接面对感性材料本身的异质性(altérité)的问题。如何去思考这种异质性?利奥塔赋予其两个基本特征。首先,材料就是**纯粹的差异**(différence)。这就意味着有一种不由任何概念上的规定性来决定的差异,如音色和色调的差异,这种差异的独特性对立于演奏的差异和主宰着音乐作曲或色彩和谐的规定性的差异。利奥塔给这种无法化约的材料上的差异一个意想不到的名称:他称之为"非物质性"(immatérialité)。

"非物质性的物质"(matière immatérielle)并非没有先例。这会让人们想起贯穿了从象征主义时代到未来主义的整个艺术思想的一个宏大主题:材料的问题变成了纯粹的能量,类似于思想的非物质性的能力,大观念的光芒与电的闪光融合在一起。我们也会记得,现象学会强调**有**(il y a)的光芒,强调即将出现的不可见的事件。但利奥塔的分析还有一个更为特殊的目的。他旨在将康德赋予形式的属性转嫁给物质性事件。现在,在康德的"美的分析"②中,形式的特征恰恰在于它是无法获得的。美学判断所指的形式并非一种将自己的统一性强加于感性多样性之上的概念形式。美之所以为美,是因为它既不是一个知识的对象,不会让感觉听

---

① J.-F. Lyotard, op.cit., p. 151.
② "美的分析"是康德的《判断力批判》的第一卷。——中译注

从于理解的法则,也不是欲望的对象,即让理性听从于感觉的无序(anarchie)。这种"既不……也不……"的结构,对于理解和欲望这两种技能来说,都是不可获得的,这迫使主体,只有通过让那些技能的自由演艺,才能体验到一种新的自律形式。

利奥塔声称,对于音质和色彩来说都是一样的。我们知道,对康德而言,音质和色彩提出了这样一个问题:我们怎样判定,这是我们诸感觉振动所产生纯粹感官上的快感,还是依赖于其规律性的形式感觉的快感?利奥塔将他自己的思考作为对这个难题的最彻底的回答。他非常简要地指出,这就是对所有音质和色彩都无法获得的美学形式。利奥塔这种偷梁换柱的做法,起初很容易让我们想起现代主义正宗派坚持主张一种与再现对立的可感物在场的独特性。那么,材质仅仅是"一小块皮革或一片木材,以及香料的芬芳,分泌物或一块肉的味道,也有音质和色彩"。不过很快这些东西看起来并非如此。"所有这些东西都是不可交换的",利奥塔说,"它们都决定了一个情感事件,一次遭遇,我们的内心对此并没有准备好,对之感到不安,这个事件对心灵来说留下的只有感觉,焦虑和狂喜,一种懵懂的亏欠"[1]。这就是材料的第二种特征:这并不是材料的独特性,而是它有能力造成遭遇(faire pâtir)。它的"非物质性"并不在任何特殊

---

[1] J.-F. Lyotard, *L'Inhumain*, op.cit., p. 153.

的可感质性当中。它仅仅存在于所有可感材料的共同性之中：它们一并构成了"情感事件"。音质或色差的各自特有的质性，一块皮革或香料的芬芳的质性都不重要。重要的是它们共同的力量，这种共同的力量让心灵无所适从，让心灵感到亏欠。

当利奥塔从康德对美的分析中借用了第一种属性，即非物质性时，这第二种属性很明显来自康德的崇高分析。在赋予了音质和色差以某种形式上的自律之后，利奥塔也赋予了它们无形式（informe）的破坏性的力量，这是崇高体验特有的一种不谐的力量。那么，感受（aisthēton）就是统一的两个事物。它既是一个物质，也是一个符号。感官事件的纯情感就是我们因而需要去认识的真实的符号。音乐上的音质和色彩上的色差，就是康德认为金字塔或浩瀚无边的大海所具有的东西。它们标志着我们内心无法去把握这个对象。但这种不可能性的逻辑，在康德作品中，正好对立于既已存在的所是之物。对康德而言，这是一种想象，它揭示出我们在理解我们所面对的可感物的力量在形式上或在例外性上的无能为力。这是一种想象，我们没法去再现那个理性所需要展现的整体。所以，"感觉最大的能力"背弃了它在赋予理性大观念某种可感形式上的无能为力。然而，在这个方面，它两次证明了理性的力量：理想可以穿透感性经验的局限，它也向想象要求想象本身所不能给予的东西。主体在感觉上所体验到的无能为力，证明了主体之中"无界限的能力"①（faculté sans bornes）的出现。陷入无所适从的想象让心灵进入一个超感性的使命当中。这种让自己从各种能力在美学上的自由演艺的自律性上升到一种最高的自律性：这就是在超感性的道德秩序中的正当理性的自律性。

利奥塔严格将这种逻辑套用在自己头上。在崇高体验中的无能为力的感觉，就是理性所承受的感觉。它体会到它无法"接触材料"，换句话说，它不能理解这种彼此依赖的感性事件。这种崇高体验告诉我们："灵魂成了依赖于可感物的存在，因而可以被践踏，被羞辱。美学的前提就是受制于感受，没有这种感受就是麻痹。要么因对他者的震撼而觉醒，要么被彻底消灭……灵魂被囚禁在濒临死亡的恐惧与饱受奴役的存活之间。"②然而，我们必须理解的是，这种感觉限制，并不是它施加的唯一限制。正如在康德那里，崇高的感性经验是其他东西的标志。它引入的是主体同规律的关系。在康德那里，想象的失败不会带来合法化心灵的自律规则。在利奥塔那里，其逻辑正好被颠倒过来：屈从于感受标志着听从于多样性的法则。感性情感就是"亏欠"的体验。伦理经验就是一种不诉诸大他者的法则的屈服。它展现了思想相对于内在于和先于心灵的力量的受制状态，而心灵根

---

① Emmanuel Kant, *Critique de la faculté de juger*, tr. fr. A. Philonenko, Vrin, 1979, p. 97–98.
② J.-F. Lyotard, *Moralités postmodernes*, Galilée, 1993, p. 205–206.

本无力去理解这种力量。

或许得出利奥塔误读或误解了康德是无关紧要的。但首要的问题毋宁是：为什么他需要康德？为什么他要在康德的文本中寻找在那些文本中很难找到的东西，例如先锋艺术理论，并期望在这种先锋派理论中证明主体的可悲，证明一种作为异质多样性法则的道德法则的观念？事实上，这就是利奥塔崇高理论所提出的悖论。这个理论是作为现代主义传统的延续而提出的，因为它赋予了先锋派一个任务，去捍卫艺术上的新，而反对恢复某种过时的表达形式，和与商业化的美学妥协的形式。对于二十世纪八十年代的利奥塔而言，界定先锋派艺术的，就是对折中主义（éclectisme）的拒绝，这种拒绝在新绘画潮流中展现出来，画家在画布上综合了形象和抽象的主旨。然而，他赋予先锋派的新任务基于这样一种艺术观念，即这种观念证明了人类心灵自古以来就依赖于无法把握的当下，和拉康一样，利奥塔将这个当下称之为"大事物"（la Chose）。

我们如何思考这种悖谬的衔接？一方面是艺术的革命，它的高歌猛进宣布回到艺术的旧形式上，另一方面是他指派给艺术的任务，即证明了我们心灵无法超越一切自古以来就遭受的奴役。为了理解其背后的逻辑，我们必须考察利奥塔的主张，即他所反对的，被他视为无耻的在绘画中混杂了抽象和形象主旨的形式，即超-先锋派："在同一个层面上混杂了新现实主义或超现实主义与抽象、抒情或概念主旨，这意味着一切都是等价的,因为一切都有利于消费。这是一种新的企图,它试图建立一种新的'趣味',并对之加以赞赏。这种趣味根本就不是趣味。折中主义所号召的东西,就是杂志读者习以为常的东西,就是标准工业形象的消费者的需求,这是一种超级市场顾客的精神。在某种程度上,博物馆和画廊的老板,通过批评,对艺术家施加了很大的压力,后现代主义在于,让绘画的探索与事实上的'文化'状态保持一致,并取消了艺术家们在探索不可展现之物的问题上的职责。如今,在我看来,这个问题才是唯一值得研究的问题,它是即将来临的世纪的生命和思想中的关键问题。"①

究竟是什么让他有可能判定,这样的趣味**并非**一种真正的趣味？利奥塔回答如下：如果它是一种趣味,我们必将失去艺术的历史责任,以及我们对即将来临的世纪的思考的任务。简言之,它之所以不是趣味,是因为它**不应**成为一种趣味。这个主张很容易理解,它直接来自阿多诺。利奥塔反对绘画折中主义的主张,正好就是阿多诺反对音乐折中主义的主张。他的话回应了阿多诺的《新音乐哲学》(*Philosophie de la nouvelle musique*)谈到的减七和弦②(accord de

---

① J.-F. Lyotard, *L'Inhumain*, *op.cit.*, p. 139.
② 减七和弦是一个特殊的和声语言材料,它由四个连续小三度叠加而成,其特点是无明确的倾向性。根音到七音的减七度音程,有显著的悲哀忧郁的特质。这也就决定了减七和弦的色彩特点,它的一般的情绪效果是具戏剧性,富于热情,常带深度的悲怆性。减七和弦早在巴洛克时期的音乐中已被引用。那不勒斯乐派首领A·斯卡拉蒂的一首康塔塔的开始部分,短促的、时断时续的变音旋律,加上飘摇不定的减七和弦音响,表现出一种愁苦不安的情调。——中译注

septième diminuée),在音乐上,这是耳朵所不能承受的和弦,"除非一切都是欺骗"。在宣布了不可能在绘画中将形象主旨与抽象主旨融合在一起之后,利奥塔坚持了马克思主义的传统,最著名的就是阿多诺和克莱门特·格林伯格①(Clement Greenberg),他们将彻底的艺术自律与社会和政治的解放诺言结合联系起来。我们已经看到,这种传统经常被捍卫,来反对一种传统的对立,即在为艺术而艺术与艺术关涉政治之间对立:我们知道,艺术之所以是政治的,是因为它仅仅是艺术。艺术仅仅是这样,通过其可感的构造以及对其特有的理解方式,它生产出某种完全不同于消费对象状态的对象。

之所以诉诸康德,正是为了通过这种差异,在可感物的状态中进行思考。康德主张,美必须与善分离开来,善既来自概念,也来自令人惬意舒适,而美则属于感觉。无论是阿多诺还是利奥塔,在他们的立场上,坚持认为艺术作品不应是令人愉悦的。艺术作品是欲望所不能获得的东西,而欲望本身会将所获得的东西加以消费。事实上,正是由于这种不可获得性,这些作品才产生了一种特殊的善。艺术是一种异议(dissensus)的实践。通过异议,并不是在一个因果关系中

---

① 克莱门特·格林伯格(1909—1994)是 20 世纪下半叶美国最重要的艺术批评家,也许是该时期整个西方最重要的艺术批评家之一。由于他的主要观点代表了现代主义艺术理论的法典化,他便成了现代主义与后现代主义的分水岭。几乎所有同情或支持现代主义的人都为他辩护,与此同时,几乎所有的后现代主义者都首先将批评的矛头指向他。著有《艺术与文化》《朴素的美学》《格林伯格艺术批评文集》等。——中译注

排列其位置，在这个因果关系中，艺术作品获得了其特有的质性，并与一个外在的善相关联：未来的解放（阿多诺）或对新世纪规定的要求作出回应（利奥塔）。

在阿多诺和利奥塔之间，发生了一次逆转。阿多诺将这些异议称之为"矛盾"。内在矛盾就是产生了艺术产品和主宰商业美学的折中主义之间的对立。它赋予了艺术作品两方面的属性，一方面是力量，另一方面是缺少力量：一方面是自足的力量，它与商业上的异质性针锋相对，而另一方面是缺乏力量，这种不足阻碍其在自足中得到满足，并证明了将劳动和消费分隔开来的构成性异化。在利奥塔那里也是如此，艺术的任务仍然在于构成一个特殊的可感世界，这个世界分离于由市场法则所支配的世界。但在这里所涉及的异议，不再是矛盾。它现在被命名为"灾难"，这个灾难是"原初性的"：它证明了异化不再是那种面对资本主义将快乐和快感分离开来的东西，而是专属于人类动物的依赖性的命运。而先锋艺术唯一的责任，就是无限期地记住它。

这让我们可以理解，利奥塔对康德的反读，将康德的崇高变成了使艺术上的先锋派与异质性的伦理法则衔接起来的东西。为了完整地理解其意义，就必须重构其解释的链条，而这就是这个链条上最终的一环。反过来，我们需要将其理解为一种誊写，即他为了抹除第一次对康德的读解，也抹除了他作品的内在的"政治"。按照这个说法，他分配给艺术的任务在于，记录下感受的震撼（choc），而这种震撼是"奴役条件"的不可磨灭的证据,而这正是对席勒在"审美状态"(état esthétique)的悬置中所看到的自由的新承诺的颠倒。

这个《审美教育书简》(Lettres sur l'éducation esthétique de l'homme)的核心论点在于同样的双重否定,而这个双重否定中正是康德美学判断的特征。可以说,康德的美学判断既不从属于理解力的规则,它将概念上的规定强加于感性经验,也不从属于感性规则,它需要一个欲望的对象。审美经验同时悬置了所有的法则。所以,它也悬置了通常会架构认知、行为、欲望主体的经验的权力关系。对于席勒来说,这意味着在审美经验中,是各种技能之间的"协调一致"(accord),并不是利奥塔所宣称的形式与材料的古老和谐关系。相反,它是与这种古老主张的决裂,是一种真正的支配形式。在它自身中,在认知和想象之间的"自由协调"(libre accord)本身就是一种不谐或异议。根本不需要看到对尺寸、力量或恐惧的崇高体验,我们就可以认识到思想和感性之间的不谐关系,或在吸引和排斥的游戏中奠定现代艺术的激进性。在康德从"既不……也不……"出发的美学判断理解中,美的体验已经由吸引和排斥的双重关系所概括。它在于对立的两项之间的张力关系,我们知道,魅力产生了吸引,而敬意让我们与之保持距离。席勒说,雕塑的自由表现同时既吸引着我们,又通过它本身自足的庄严,让我们与之保持距离。同时发生的反作用力运动将我们同时置于完全宁静和极度的亢奋状态之中。① 那么，在美的美学和崇高的美学之间根本就不存在断裂。异议，思想和感性之间协调的断裂，已经处在美学和谐和安宁的最核心之处。

　　和谐和不谐之间的同一性正是席勒赋予"审美状态"以一种凌驾于康德的**共通感**(sens commun)所包含的社会中介的承诺之上的政治意蕴，康德指望用共通感将精英的阳春白雪与百姓们的下里巴人统一起来。② 对席勒而言，美学上的共通感，也就是异议的共通感。它并不会倾向于将差异巨大的阶级凝聚在一起。它挑战了产生这种巨大距离的可感物的分配。为什么女神的雕像会同时吸引着我和排斥着我？因为它展现出某种神圣的特征，席勒说，这也是人性的圆满：她并不劳作，她只是展出。她既不屈服，也不抵抗。她不处于命令的关系之中，同样，她也不处在顺从的关系中。不过，这种和谐状态与那种主宰着人类社会的状态是对立的，那种状态分配给每一个人一个地位，将那些发布命令的人与那些听从命令的人区分开来，将欣赏阳春白雪的人与欣赏下里巴人的人区分开来。审美经验的异议的共通感对立于传统秩序的和谐一致，也对立于法国大革命试图强加的和谐。法国大革命希望颠覆古代统治秩序。然而，它本身又生产出一种古代逻辑，根据这个逻辑，需要给那些被动的材料增加积极

---

①　F.von Schiller, *Lettres sur l'éducation esthétique de l'homme*, op. cit., p. 209.
②　Emmanuel Kant, *Critique de la faculté de juger*, op.cit., p.177.

的智慧。反过来，对权力的悬置，专属于审美状态的"既不……也不……"，宣扬一种全新的革命：一种感性存在的革命，而不仅仅是颠覆国家的形式，这场革命不仅仅是接管权力，而且是将让权力得以实施的形式加以中和（neutralisation），既颠覆了其他权力，也颠覆了自己的权力。美学的自由演艺——或中和——界定了一种新的经验模式，在这种模式中，我们看到了一种新的感性普遍性和平等的形成。

阿多诺的美学和利奥塔的崇高反-美学所激活的张力关系，只有当我们回到其原初场景中，才能完全理解清楚，这个场景既用于奠基艺术的自律，也在一种例外的感觉经验中许诺解放人类，在那一刻，主宰着其他感觉经验形式的主动/被动和形式/材料之间的对立完全被废除了。这种张力关系必须理解为是对席勒的双重关系的延续，席勒将其置于他理解的康德意义上的各种技能协调一致关系的中心。其理由在于，这种双重关系确保了康德共通感所特有的媒介被转化为新存在形式的实际原则。由于这个双重关系，美学上的"自由演艺"不再是阳春白雪和下里巴人之间的中间状态，或者是一个道德主体自我发现的舞台。相反，它成了一种新自由的原则，它可以超越一切政治自由的自主性。在根本上它成为一种政治原则，或者更准确地说，它是一种元政治（métapolitique）原则，它对立于所有的颠覆国家的起义，它提出的是活生生的感性世界中的形式革命。

在阿多诺美学中的矛盾和利奥塔美学所宣称的"灾难",恰恰应该被理解为美学-元政治的化身(avatars)。它们都有内在于"人的审美教育"观念之中的原始张力关系而引出的终极形式:这是在对审美状态特有活动的悬置与用来实现其诺言的自我教育活动之间的张力关系,是经验的**差异性**(altérité)和教育的**自我性**(ipséité)之间的张力关系,或者也是自由表象的**自足性**(auto-suffisance)和新人类的自我解放运动之间的张力关系,新人类渴望将表象同其自足性撕裂开来,并意图将其变成现实。席勒的最初情景已经包括了这个矛盾。雕塑自足的石块的差异性,预示着石块所是的状态的对立面。对于按照劳动分工、职业和等级来划分的人群来说,预示着有一个不再存在审美经验上的差异性的共同体降临,但在这个共同体中,艺术的形式会再一次变成它曾经所是的样子——或者它们曾经被认为的样子:一个未分化的集体生活的形式。在审美经验中的相遇,所遇到的他者不过是与他自身相分离的自我。因而,强调经验自主性的差异性和异质性被抹除了,从而诞生了一个新的选项。"既不……也不……"的异议的共通感变成"要么……要么……":要么永远将人类主体一分为二,要么恢复人类的总体性,要么是那种主体,他被动地思考如何用没有丝毫生命气息的大理石来进行丧失了总体性地进行再现;要么成为一个积极的主体,在真正的生命中来寻找如何重新获得自己,因而创造一个新的鲜活的世界,在那里,正如马列维奇(Malevich)所做的那样,规划新的集体生活,来取代"古希腊的老妇人"。要么异议被还原为表象与真实之间的冲突,要么为了将艺术的表象转化为共同生活的现实,而形成一种新的和谐,换句话说,将这个世界变成人类活动的产物和镜像。

这样,为了恢复美学上的双重关系,就要制定一个反马克思主义的基本计划,一种可以取代主宰阿多诺美学的审美政治的形式,而利奥塔的美学矗立在阿多诺美学的头顶上。我们可以将这种反-运动的原则概括为两个基本要点。首先,要恢复美学的**区分**,或美学的奇异性,这可以让美学单独承担一个新的感性世界的诺言。如果最艰巨的艺术自律性的对手往往来自马克思主义,这并不是因为在对艺术的热爱和社会解放的要求之间存在任何和解的精神或内在的冲突。广义上的马克思主义并不准备反教条的马克思主义。相反,这就是两种彼此对立的审美元政治的形式。在这个对立中,解放的承诺与审美形式在感性上的异质性关联起来。这种异质性,重新激发了凌驾于被动材料智商的知识形式的权力,而这将再现性艺术的生产和理想同统治秩序关联起来。这就是包含在美学的"既不……也不……"之中的东西:当然这不是艺术的纯粹性,而是审美经验相对于权力游戏和统治形式而确立的纯粹距离。这并不是要把艺术的自律与政治的差异性对立起来。模仿的艺术在秩序中获得其自律性,这种秩序将其边界和等级与主流秩序联系起来。相反,美学时代的艺术宣布,它与主流经验的形式是不同的。但它是通过抛弃了将艺术对象和世界上的其他对象区分开的边界来做到的。所以，在自律性和异质性两种关联关系之间形成了对立。美学自律是一种艺术自律，在那里没有界限，将致力于创造高等艺术的画家的行为，同取悦民众的杂技演员的表演区分开来，也不会将创造了纯粹音乐语言的音乐家同致力于实现福特制生产线的工程师区分开来。如果在简单的国家主义表达"电气化＋苏联"之下，生命-艺术（l'art-vie）的元政治消失了，那么维系这种异质多样性的元政治的选项，本身可以在这样的表达下来把握，即"十二音技法（dodécaphonisme）＋卓别林的拐杖"：纯粹的音乐语言指向任何它自身法则之外的东西，以及在高等艺术中来提高演员的表演技能；而音乐材料从属于一个比福特制生产线更为严格的规则，一个夸张的流浪汉小丑，其行为姿态已经被自动化了，这些表演都表达了一种拒绝的情感，对机械化生活的"保守的"拒绝。

勋伯格与卓别林：那个拄着拐杖，八字脚走路的小丑，在井然有序的十二音中踽踽而行。这个表达或许可以总结阿多诺《美学理论》中的冗长而复杂的分析，即它也概括出这种反-美学的主要特征。其中，审美经验的双重关系成了作品本身的内在矛盾。席勒的吸引和排斥的双重运动——即"优雅"和"尊贵"——成了作品本身的自然趋势。其理由非常简单。阿多诺与席勒有着同样的中心前设：废除标志着劳动和快乐之分，受驱使之人与有教养之人之分的劳动分工。对于他而言，创作成了在古希腊雕塑中，在最高的激情澎湃和心神宁静中自由表象所预示的东西，即有这样一个世界，西方理性的原初场景所象征的劳动和快乐的区分，被彻底抛弃了——我们知道，在那里，水手坐在长凳上，塞住他们的耳朵，不让自己受塞壬歌声的魅惑，而尤利西斯，将自己绑缚在桅杆上，独自欣赏这美妙的歌声，但他不能让自己的下属解开自己，让自己走向这些女妖。如果创作承诺要进行这种和解，只有通过不确定的延搁（différer），通过拒绝一切和解的形式来获得，在那些被拒绝的和解形式中，主流仍然隐匿地起作用。如果创作就是许诺，这并不是因为自足性包含着一（une）的生命形式的秘密。相反，这是因为它本身是分裂的，因为其自足性不得不在隐约中重复上演区分了被绑在桅杆上精于算计的主人和拒斥了听众的塞壬之间分裂的原初剧情。走向解放之路就是让这个分裂进一步恶化的道路，它所提出的美的表象是以不谐为代价的，其不明确地重新认可了异议的价值，也是通过拒斥了美与快乐之间所有调和形式来获得的。美学的场景，严格来说，就是不可调和之物的场景。

这些不可调和之物就是利奥塔所读到的东西，对不可调和的确证，就是美学的最高成就，它完全颠覆了美学的元政治。当然，这种颠覆不能在"后现代主义"的范畴下来理解。在利奥塔的作品中，后现代不能作为一种艺术或理论的旗帜，它顶多只能作为一个描述性的范畴和一种诊断。这个诊断具有一个根本作用：从政治解放中将艺术现代主义解脱出来,释放出艺术是为了让艺术与另一种历史叙事相关联。利奥塔著名的对"宏大叙事"和"绝对的牺牲品"的驳斥,绝不意味着是他对细微叙事的诸多空间让步,去亲近多元文化的灵魂。它仅仅是"宏大叙事"和"绝对的牺牲品"的纯粹而简单的改变,按照这种改变,西方现代史不再被等同于无产阶级解放的历史,而是等同于犹太人被有计划地灭绝的历史。

利奥塔也谈到了先锋派,让先锋派去追溯将艺术生产同其对象、影像和商业娱乐区分开来的线索。但在这种情形中的艺术的"自律"不再是证明需要被消灭的异化的矛盾情景。艺术家们所生产的不再是矛盾的游戏,他们所做的仅仅是对震惊的刻画。震惊仍然是一种异化,但是一种无法超越的异化。双重关系不再是创作的一部分。相反,它是一个前提的标志,即从属于可感物的前提的存在物的标志:要么从属于强制着我们的感受,要么就没有这种感受,亦即死亡。如果艺术就是将自己同商业区分开来,这仅仅是为了将商业消费所提供和承诺的东西,与听从于大他者的规则的心灵原初的"悲怆"对立起来。这就是为了证明一个不可能减轻的异化,这种异化,任何试图从中解放出来的意愿,都会变成主人的意愿,让我们从消费的纸醉金迷的美梦般的生活中被唤醒,而这只会将我们抛入极权主义的命中注定的乌托邦之中。

所以,利奥塔的反读康德,是一种最理所当然的抹除审美经验的第一种政治解读的企图。他所要做的,就是抹除美学悬置和解放许诺之间的原初关系。他试图一次性地将"既不……也不……"颠覆为"要么……要么……"。在这一点上,席勒以此标示出一种例外的感性经验形式,相反,利奥塔要求我们读出一种共同前提的简单证据。与对主人形式的悬置不同,利奥塔要我们理解,我们受制于一个专横跋扈的主人。席勒将美学上的双重关系中的解放许诺,与"自由或死亡"革命性表达的切分对立起来。利奥塔通过颠倒为自己的形式"奴役或死亡",从而改变了这种双重关系的切分。席勒自己在康德的基础上,试图找到主流统治的永恒与造反的野蛮之间的第三条道路。他重述了康德的观念,按照这个观念,审美经验指出了其他东西:分别是理性合法性或一种感性共同体的形式。利奥塔保留了符号的功能,但仅仅是为了颠倒它。审美经验成了人类受奴役心灵的经验,心灵成了感性的奴隶,而且也首先在对感性依赖性的考察中,受制于大他者的法则。例外感觉的震惊感,在康德那里,是自由的一个符号,在席勒那里,是解放的承诺,在利奥塔那里,完全是相反的东西,我们知道,这是一个依赖性的符号。它标志着这样一个事实,即唯一可做的事情就是遵循自古以来的异化法则。如果先锋派的使命是不明确地重新刻画出这个分割线,是为了消弭解放的噩梦。这使得审美异议的意义需要重新概括,要么是一场灾难,要么是另一场灾难:要么是崇高的"灾难",要么是相对于自古以来的大他者的法则在伦理上依赖性的"牺牲"宣言;要么这场灾难就是天生忘却灾难的灾难,解放承诺的灾难要么走向纳粹和苏联集中营中的野蛮,要么是商业文化和传播媒介的世界中的柔性的极权主义。

因此,艺术仍然需要在元政治的剧情中来刻画自己。但这个剧情的意义被完全反转过来。艺术不再带有任何承诺。为了纪念阿多诺,它仍然被视为一种"抵抗"形式。但这个词已经具有全新的意义。抵抗仅仅是"大事物"的记忆,在业已写就的字里行间,在业已画成的画作中,或在音乐的音质中,重新记述了从属于大他者的法则。要么听从于强加于我们之上的大他者的法则,要么纵情于自我的法则,让我们遭受商业文化的奴役。要么是摩西的法则,要么是麦当劳的法则,这就是崇高美学对于美学上的元政治的最后的言辞。无法确定的是,这种新的摩西法则,是否真的对立于麦当劳的法则。但另一方面,可以确定的是,在今天以伦理学的名义所实现的唯一法则下,它完成了对美学和政治的共同镇压。①

---

① 这篇文章原版是英文版,是朗西埃在2002年3月美国伊利诺伊州的西北大学埃文斯通分校召开的"康德判断力批判和政治思考"学术研讨会上提交的会议论文。

第五章　美学和政治的伦理转向

为了准确理解今天发生在美学和政治上的伦理转向的关键是什么，我们必须要准确界定"伦理"一词是什么意思。毫无疑问，伦理是一个很时髦的词。但它经常被当作是对"道德"这个古老词汇的更简单，也更雅致的翻译。伦理被视为标准的一般要求，它要求我们判断，在不同的判断和行动的领域中起作用的实践和话语的正确性。若从这个角度来理解，伦理转向意味着今天，有一种逐渐增长的趋势，让政治和艺术从属于关于其原则和实践结果的正确性的道德判断。不少人对转向伦理价值而大声叫好。

我并不相信为此叫好有什么理由，因为我并不相信这种转向实际上发生了。伦理的国度并不是凌驾在艺术运作或政治行为之上的道德判断的国度。相反，它标志着构成了一个不明朗的领域，其中，不仅政治和艺术实践的特殊性被消解了，而且这构成了"旧道德"的核心：事实和法则，实然和应然的二分。伦理等于是在事实中消解了准则，换句话说，在同一个不清晰的视角下,吸收了所有话语和实践形式。在标明一种准则或道德之前,ethos 一词指的是两个东西:它既是居留(séjour),也是存在方式,或对应于居留的生活方式。那么,伦理就是一种思考方式,在这种方式下,在环境,即存在方式与行为原则之间建立了一种同一性。当代伦理转向就是这两种现象的衔接。一方面,进行评价和决定的判断,发现自己在法则那难以抗拒的威力之下变得孱弱无比。另一方面,这个法则的彻底性,没有为我们留下任何选择的余地,等于是将我们限定在事物秩序的界限之中。现在逐渐变得无法区分的事实和法则,导致了无限的作恶、无限的审判、无限的谢罪史无前例地变得戏剧化。

两部均为 2002 年上映的电影描绘了当地社区中的正义化身的形象,这可以帮助我们理解这个悖论。第一部电影是拉斯·冯·提尔(Lars Von Trier)执导的《狗镇》(*Dogville*)。这部电影告诉我们格蕾丝(Grace)的故事,她是一个外来人,为了让自己被小镇的居民所接受,而主动为市民们服务,一开始让自己接受盘剥,后来不胜市民的困扰,于是她试图逃离。这个故事是对布莱希特的戏剧《屠宰场里的圣乔安娜》(*Sainte Jeanne des Abattoirs*)的改编,在布莱希特的戏剧中,圣乔安娜就被描绘为一个在资本主义丛林里,被灌输了天主教道德的女人。但这个改编恰好照亮了两个时代之间的裂缝。布莱希特寓言的设定就是所有的观念都会一分为二。他让天主教的道德毫无力量地同经济秩序的暴力进行搏斗。

这样，它必须被转变为一种战斗的道德，将反抗压迫的必要性作为其标准。于是，被压迫者的权利对抗那些一同进行压迫的权利，而防暴警察捍卫的就是这种权利。因而两种不同类型的暴力之间的对立也就是两种不同道德，两种不同权利之间的对立。

这些被一分为二的暴力、道德和权利有着同一个名字，它们都被称为政治。政治，并不像平常大家所说的那样，是道德的对立面。政治自己就是二分的。布莱希特在他写作《屠宰场里的圣乔安娜》的政治寓言时，证明了这两种不同权利，两种不同暴力彼此调和的不可能性。相反，格蕾丝在《狗镇》中遭遇的邪恶，唯一的原因就在它自己。格蕾丝不再表达那种善良的灵魂，她由于不知道邪恶的缘由，而将这种善良灵魂变得神秘化。她就是一个外来人，一个"被排斥的人"试图得到社区的承认，这种想获得承认的愿望让她屈服于那些排斥她的人。苦难和幻想破灭的故事并不是来自应该被理解和抛弃的统治体制。它恰恰基于一种邪恶的形式，而这种邪恶就是它自身再生产的原因和结果。这就是为什么对这个社区唯一恰当的惩罚就是彻底消灭它，对它的消灭是由天主和天父来执行的，而天主不过是所有恶棍的头头而已。布莱希特的告诫是："在暴力统治的地方，只有暴力才起作用。"一个适合于我们和谐的人文主义时代的对这个表达的改写是："以牙还牙。"让我们把这句话翻译成美国总统小布什的话：在与邪恶轴心的战斗中，无限正义是唯一可行的正义。

"无限正义"一词让许多人感到愤慨,人们认为最好快点从这个恶性循环中抽身出来。人们认为,这是一个十分糟糕的选择。但或许这个选择是唯一适宜的选择。毫无疑问,出于同样的理由,《狗镇》的道德制造了这样的丑闻。在戛纳电影节上,人们愤怒地谴责这部影片缺乏人道主义的关怀。这个人道主义的缺憾,无疑恰恰在于一种正义的观念,它要同不正义进行战斗。在这个意义上,人道主义的作品是这样一种抹杀了正义的作品,它正是通过抹除了正义与不正义之间的对立而抹杀了正义。这正是第二部影片所提出的命题,在克林特·伊斯特伍德(Clint Eastwood)的影片《神秘河》(*Mystic River*)中,吉米犯了罪,他处决了他的一个老朋友戴夫,他认为戴夫对杀死自己的女儿负有罪责,但戴夫并没有因此遭受惩罚,而这就是他们的同党和共犯,一个警察西恩的共同的秘密。为什么?因为吉米和西恩所犯之罪已经超越了法庭上可以审判的一切。因为正是因为他们俩,在他们还是孩子的时候,他们俩将小戴夫带到了他们玩耍的充满危险的树林里。也正是因为他们,小戴夫被一个装成警察的人拖走,锁起来并加以鸡奸。于是,戴夫的创伤让他变成了一个有问题的人,他的异常行为让他成为杀害吉米女儿的理想罪犯。

《狗镇》是对一个戏剧和政治寓言的改写。《神秘河》是对电影和道德寓言的变形:在希区柯克和弗里茨·朗格的电影中已经描述过这个剧情中被错误指控的人。在这些剧情中,真相是对立于错误的法庭审判和公众意见的,通常真相会胜出,有时代价是要面对另一种命运的形式。① 但在今天,邪恶,带着其无辜和罪责,变成了一种创伤,它既不是无辜,也不是有罪,它处在有罪和无辜,精神错乱和社会不安之间的悬而未分的区域上。正是在这种创伤性暴力中,吉米杀死了戴夫,戴夫也是鸡奸造成的创伤的受害者,一个罪行的行凶者或许就是其他创伤的受害者。然而,这不仅仅是用病态的剧情取代了正义的剧情。病态本身也改变了自身的意义。新的精神分析类型作品,明显对立于希区柯克和弗里茨·朗格在四十年代所拍摄的作品,在他们的作品中,激活埋藏已久的童年记忆,可以用来缓解暴力或拯救伤痛。② 童年的创伤成为与生俱来的创伤,所有人的不幸就是过早地成为一个动物。没有任何人可以逃离这个不幸,这种不幸消弭了正义的力量必将战胜不义的观念。这并不是废除了惩罚。但实际上,它也消弭了惩罚的正义性。它将惩罚还原为一种保护社会躯体的律令,正如我们所说的那样,其中总会包含些许差池。那么,无限正义所披的"人道主义"的外衣就是一种为了清除伤口的必要暴力,其目的是维持共同体的秩序。

　　许多人很轻易地会谴责好莱坞电影中的精神分析式剧

---

　　① 参看希区柯克的《申冤记》(*Le Faux Coupable*, 1957)和弗里茨·朗格的《怒火》(*Furie*, 1936)与《你只能活一次》(*J'ai le droit de vivre*, 1937)。
　　② 希区柯克的《爱德华医生》(*La Maison du docteur Edwards*, 1945)和朗格的《门后的秘密》(*Le Secret derrière la porte*, 1948)。

情的过于简单化的本质。然而,这些剧情所采纳的结构和韵律,完全忠实于学术上的精神分析课程。从朗格和希区柯克对成功诅咒的描绘,到克林特·伊斯特伍德对被埋藏的秘密和难以化解的创伤的展现,我们很容易辨识出,从俄狄浦斯的秘密,转向由另一个文学形象,即悲剧性的安提戈涅所标志的认识和律法的不可化解的分裂的转换。在俄狄浦斯的标志下,创伤等于一个被遗忘的事件,一旦创伤再次被激活,它也是可以治愈的。而在拉康的理论中,安提戈涅取代了俄狄浦斯,他建立了一种新的秘密形式,一种不能还原为任何救赎性知识的秘密。在安提戈涅所蕴含的创伤中,这既不是开始,也不是终结。悲剧预示着文明内部的不和谐,在文明中,社会秩序的律法往往会被支撑社会的东西所摧毁:血亲的力量,大地和黑夜的力量。

　　拉康说,安提戈涅并不是现代民主信徒所创造的人权英雄。相反,她是一个恐怖分子,她见证了维持社会秩序的隐秘的恐怖。恐怖正是创伤在政治问题上的名称,而它也正是我们时代的关键词。毋庸置疑,恐怖一词指的是一种现实的罪行,没有人可以忽视恐怖。但也正是这个词,将事物抛入悬而未定的状态中。恐怖,不仅让我们记起2001年9月11日的纽约,和2004年3月11日的马德里,但也可以想起囊括这些袭击的战略。不过,逐渐逐渐地,恐怖一词不仅指给人们心灵带来的事件的巨大震撼,也指害怕同样事件发生的恐惧,这些事件有可能进一步导致不可思议的暴力行为,国家机器对这些恐怖事件的管理行为成为该情境下的典型特征。所谈到的反恐战争,就确立了与这种袭击形式的关系链,而在同样的关系链中我们每一个人会在心中对之充满了焦虑。那么,由于一种预防性正义的存在,反恐战争和无限正义已经变得无法区分彼此,这种预防性正义会打击任何确定,甚至是很有可能引发恐怖袭击的行为,打击任何威胁用来维系共同体团结的社会纽带的东西。这种正义形式的逻辑,唯有当恐怖本身停止之后,它才会停止,但它在本质上也是一种恐怖,对于那些必须忍受与生俱来的创伤的存在者而言,这种恐怖本身绝不会停止。因此,与此同时,这是一种没有其他正义可以作为其标准的正义,它是将自己凌驾于其他一切法律准则之上的正义。

格蕾丝的不幸和处决戴夫十分精彩地说明了我们经验的解释图式的转变,我们称之为伦理转向。这个转向过程的根本特征当然不是转向道德准则的美德式回归。相反,它是对那些道德词汇通常所包含的区分的压制。道德意味着法则和事实的区分。同样,它也意味着不同道德,不同权利的区分,也是将权利对立于事实的不同方式的区分。对这些区分的压制,有一个高高在上的名字:这就是共识。共识也是我们时代的关键词。然而,有一种弱化其意义的潮流。一些人将共识还原为在政府和各个政党之间,在国家关键利益上的整体赞同。在广义上讲,另一些人认为共识就是一种新的治理风格,这种治理在解决冲突的时候,赋予讨论和对话以优先地位。不过,共识的意义不限于此:严格来说,它界定了一种共同体的象征结构,它掏空了构成政治中心的一样东西,即异议。**政治**共同体实际上就是在结构上有所分化的共同体,它并不是在不同利益集团、不同意见之间的区分,而是同自己关系的区分。政治上的"人民"与总体上的人口绝不是同一回事。它通常是对人口及其各个部分的计算的补充性关系的象征化形式。这种象征化形式总是在喋喋不休地争论。古典的政治冲突,会在一个政治体中让不同的人民彼此对立:在法律和宪政的既存形式中所规定的人民,包含在国家之中的人民,还有被法律所忽视的人民,或者国家不承认其权利的人民,还有以其他事实上尚未被规定的权利来发声的人民。共识是将各种不同类型的人民还原为等同于对人口及其各个部分计算,对整体共同体及其各个部分的利益进行计算的单一人民。

由于共识致力于将人民变成人口,事实上它也将权利变成了事实。它不停地填补权利和事实的缝隙,而正是这道缝隙划分了权利和人民。于是,政治共同体倾向于变成一个**伦理**共同体,变成为所有人在其中都被计数的单一人民的共同体。只有这个计数程序才会反对有问题的残余物,我们称之为"外人"(l'exlcu)。然而,关键是要注意到,这个词语本身并不是单义性的。外人意味着两种完全不同的东西。在政治共同体中,外人是一个冲突性的角色,这个角色将自己作为一个补充性的政治主体而包含在共同体之内,他们具有权利,但不被共同体承认,或者他们见证了在权利的既定状态下的不正义。因此,在共同体结构之中,外人是没有地位的。一方面,外人仅仅是一个碰巧落在所有人平等之外的人,如病人、发育迟缓的人(attardé)、被遗弃的人,共同体需要伸出手来,与他们重建"社会关系"。另一方面,外人也成了一个彻底的他者,他们之所以被排斥在共同体之外,是因为他们异于共同体其他人的事实,他们不具有将共同体凝聚在一起的身份,并威胁到我们每一个人生活于其中的共同体的存在。那么,它消除了国家共同体的政治性,好比《狗镇》中的小镇社会的设定一样,这是小镇的双面性(duplicité),它一方面要求外人为共同体服务,另一方面则绝对拒斥外人。

这种国家共同体的新的形象,对应了一种新的国际景观,其中,伦理首先以人道主义的形式,随后以反对邪恶轴心的无限正义的形式确立了自己的统治地位。它是通过逐渐淡化事实和权利的区别的类似过程来做到这一点的。在国家舞台上,这个过程标志着构成异议和政治主体的权利和事实之间间隙的消失。在国际舞台上,这个过程变成了权利本身的消失,其最清晰的表达是定点清除和武装干预。但这个消失是以迂回的方式发生的,它涉及凌驾于其他所有权利之上的权利,即受害者的绝对权利。这个权利本身的构建,毋宁说,它明显地颠覆了权利的权利,及其元-司法(méta-juridique)的基础,即人权。因为在二十世纪末,人权经历了一个奇怪的转变。长期以来,马克思主义对"形式"上的权利的猜疑的受害者,在八十年代的东欧的异议运动中被重新激活。而在九十年代初,苏联崩溃了,而这似乎为一个新世界铺平了道路,这些权利,作为国家共识的表层根基,也可以作为一种新国际秩序的根基。当然,新种族冲突和宗教战争的爆发,马上揭破了这种乐观主义观点的虚伪。人权,曾经是政治异议分子的武器,他们用人权来反对国家试图实现的唯一人民。而人权成为新种族战争的受害人口的权利,成为那些家园被破坏蹂躏的人、被强奸的女人和被屠戮的人们的权利。这样,人权变成了那些无法实现人权的人们的专有权利。因此,出现下面的选择:要么人权不再等于一切,要么人权就是那些没有权利的人民的绝对权利。换句话说,权利需要得到同等的绝对回应,一个超越所有形式,超越所有准则的回应。

那些没有权利之人的绝对权利,当然只能由另一部分人来帮忙实现。这个转变,首先是人道主义的干预。然而,反对压迫人权的压迫者的人道主义战争成了一种无限正义,用来打击看不见的和无处不在的敌人,这让在他们自己的土地上,捍卫受害者绝对权利的守护者变得十分恐怖。于是,绝对权利成了一个直接保护事实共同体安全的命令。这让人道主义战争变成了一个永不停歇的反恐战争:这并不是一场战争,而是个无限保护的机制,这是一种处置创伤的方式,将其上升到文明现象的地位上。

那么,我们不再是在目的和手段的经典讨论框架下讨论问题。这个区分已经堕落为事实和权利之间,原因和结果之间无法区分的同一状态。于是,恐怖之恶的对立面,要么是更小的恶,即简单地保存现有的东西,要么是等待大灾难彻底降临带来的救赎。

在政治思考中,这种反转有两种主要形式,它们都位于哲学思考的中心:一方面,对大他者权利的承认,在哲学上证成捍卫和平武力的权利,另一方面,承认让政治和权利无法运作的例外状态,但留下了从绝望的深渊中诞生的弥赛亚式救赎的希望。前一种立场最典型的是利奥塔在其论文《他者的权利》①(*The Others's Right*)所理解的立场。这篇论文发表于1993年,是利奥塔对大赦国际提出的问题所准备的回应:在人道主义干预的背景下,人权到底怎么了?利奥塔所界定的"他者的权利"正是通过这种方式,揭露了伦理及伦理转向的意义。正如他所说,人权不可能是人作为人的权利,即一种赤裸的人类存在的权利。他的核心主张并无新意,里面不断地对柏克、马克思和阿伦特进行批判。他们都主张赤裸的、非政治性的人没有权利,为了拥有这样的权利,人们需要成为另一种人。另一种人在历史上被称为"公民"。在历史上,人与公民的配对告诉我们两件事情:首先,对那些权利的双重性的批判,这些权利不会固守其位;其次,政治行动在

---

① J-F. Lyotard, "*The Others's Right*", Stephen Shute et Susan Hurley (éd.). On *Human Rights:The Oxford Amnesty Lectures*, New York, Basic Books, 1993, p. 136–147.

人与公民之间的缝隙中建立了不同的异议模式。

在和谐一致和人道主义行动的时代,另一种人经历了彻底的变型。不再是公民是人的补充,相反,而是像这样的非人(inhumain)将人与非人区分开来。公认的践踏人权的非人性,对利奥塔来说,实际上就是对作为另一种人的"非人"误认的结果,我们或许可以说,这是一种确实的(positif)非人。在这里,"非人"是我们的一部分,我们完全没有掌控它,这个部分拥有几个形象,几个名称。它或许是孩子式的依赖,无意识的法则,或者是顺从绝对大他者的关系。"非人"是人对于无法把握的绝对他者的彻底的依赖。那么"他者的权利"就是去见证我们顺从于绝对大他者法则的权利。按照利奥塔的说法,理解"无法把握之物"的意愿就是对其的践踏。这种意愿就是启蒙和法国大革命的梦想,而纳粹为了灭绝某种人类进行的屠杀就是为了实现这种意愿,而那些被屠戮的使命,就是见证我们必然依赖于大他者的律令。不过,这种意愿仍然在今天以柔性的形式在消费一般化和透明化的社会中发挥作用。

所以,我们可以用两个特征来概括伦理转向。第一个是对时间流(cours du temps)的颠覆:走向终结,走向圆满完成的时间——进步、解放以及其他——逐渐被在我们之后走向灾难的时间所取代。但这也是各种灾难模式的平均化。于是,灭绝欧洲犹太人,作为全球情境下的清晰模式,成了我们自由民主生活的日常生活存在的典型特征。这就是为什么吉奥乔·阿甘本概括说，集中营，也就是说，它的场所和规则，就是现代的法则（nomos），其法则本身就等同于彻底的例外。当然，阿甘本的观点与利奥塔的观点有天壤之别。阿甘本并没有确立任何大他者的权利。相反，他谴责将例外状态一般化，并诉诸一种弥赛亚式的等待，希望从灾难的深渊中获得救赎。然而，他的分析也是对我所谓的"伦理转向"的概括。例外状态就是一种抹除了警卫和受害者之间差别的状态，也是抹除了纳粹国家的极端罪行和我们民主社会下日常生活之间差异的状态。阿甘本写到，比毒气室更恐怖的，亦即集中营中真正的恐怖发生在什么事情也没有发生的时候，党卫军（SS）与负责处置犹太人尸体的犹太人小队（Sonderkommandos）进行了一场足球赛。① 然而，我们每次在电视机前观看一场足球赛的时候，这个场景就会重演。所有的差异在全球情境的法则中消失了。因此，这个情境似乎是本体上命运的完成，它完全清除了异议的可能性，也清除了未来救赎的希望，从而不再等待一场没有多大可能的本体上革命的降临。

在政治和权利中差异逐渐消失在伦理的模糊性之中的趋势，也是对当下某种艺术和美学反思的界定。与在政治中将和谐和无限正义结合起来的方式相同，艺术和美学反思倾向于在期望加入社会关系的艺术与坚持不懈地见证灾难的

---

① Giorgio Agamben, *Ce qui reste d'Auschwitz*, Rivages, 1999, p.30.

艺术之间来重新分配它们自身的位置。

　　艺术试图去见证一个几十年来由于压迫而导致的世界上的矛盾的创造性的局面，如今有一个共同的伦理归属。例如，我们比较一下有三十年差距，并探索同一个观念的艺术作品。二十世纪七十年代，在越战之前，克里斯·伯顿（Chris Burden）创造了一个名为《另一种记忆》（*Autre mémorial*）的作品，将死去的人放在一边，成千上万的越南受难者没有姓名，没有纪念碑。而在他的纪念碑的黄铜牌子上，伯顿刻上了一些随机从电话簿中挑选出来的听起来像是越南人名的名字，来给那些无名无姓的受难者命名。2002年，克里斯蒂安·博尔坦斯基展出了一个名为《电话用户》的装置。正如前文所说，那是由两个巨大的书架组成的装置，上面放满了来自世界各地的电话簿，那里还放置了两张长桌，参观者可以坐下来随兴翻阅这些电话簿。今天，这个装置仍然基于和昨天的反纪念碑的作品一样的形式观念。它关心的也是那些籍籍无名的人，但采用了完全不同材料的实现方式，拥有了不同的政治意义。这并不是树立一个新纪念碑来反对另一个纪念碑，相反，向我们展出的是一个可以看成对公共空间模仿的空间。然而，昨天的目的是给那些被国家权力剥夺了生命的人以名字，这同时是给予名字，也是给予生命。而今天，正如艺术家所说，匿名的大众仅仅就是"人类物种"，我们注定与他们一起生活在一个巨大的共同体之中。因此，博尔坦斯基的装置，是一个囊括了展览精神的好方式,它旨在成为已具有共同历史的世纪的百科全书:一个统一记忆的景观,对立于昨日有所区分的装置。与许多当代装置一样,博尔坦斯基的装置所使用的程序,在三十年以前,它属于批判艺术的范围:它系统地将世界上各种对象、各种图像引入艺术的殿堂之中。但这种杂混在一起的意义已经发生剧烈的改变。早前,让各种异质性元素的彼此遭遇,是为了概括出这个世界由于剥削导致的矛盾,并在一个冲突的世界中质疑艺术的地位和体制。今天,人们认为,同样的聚集是一种艺术上的实际操作,这种艺术的责任在于去记录和见证这个共同的世界。于是,聚集就是带有和谐一致范畴印记的艺术态度的立场:为共同世界恢复业已失却的意义,或者修补社会关系中的裂缝。

如在关系艺术的程式中,这个目的或许可以直接表达出来,关系艺术的根本目的就是创造一个共同体的情境,来培育和发展社会关系的新形式。更为明显的是,通过这种方式,即使当同一个艺术家使用它时,这种艺术程式也在意义上发生了改变,例如让-吕克·戈达尔对拼贴的使用,将各种异质性元素结合在一起的技艺,似乎不断地在它的整个电影导演的职业生涯中反复出现。不过在六十年代的时候,他拼贴的是对立派别的冲突,即"高级文化"的世界和商业的世界之间的冲突:在影片《轻蔑》(*Le Mépris*)中出现的弗里茨·朗格对拍摄《奥德赛》的思考和其中制片人的野蛮的犬儒主义,在他的电影《狂人皮埃罗》(*Pierrot le fou*)中出现了艾利·佛尔(Élie Faure)的《艺术史》(L'Histoire de l'art)与施康娜(Scandale)紧身内衣广告的拼贴,在《随心所欲》(Vivre sa vie)中,出现了妓女娜娜的精心算计与德莱叶(Dreyer)饰演的《圣女贞德》(Jeanne d'Arc)中的眼泪的拼贴。而在他80年代的作品中,戈达尔仍然十分明显地忠实于将各种异质性的元素拼贴起来的原则。但拼贴的形式发生了改变:影像在瞬间冲突中走向了融合。影像的融合同时证明了这是一个影像及其共同体构建力量的自主化世界的现实。从《受难记》(Passion)到《爱之颂》(Éloge de l'amour),或者从《德意志90》(Allemagne année 90 Neuf Zéro)到《电影史》[Histoire(s) du cinéma],电影镜头与虚构的博物馆的绘画,死亡集中营的影像,反对具有明确意义的文学文本有许多意想不到的相遇,它们一并构成了同一个影像的王国,它们共同致力于一个任务:让人性"在世界上有个位置"。

因此,一方面存在着有争议的艺术装置,它们倾向于成为一种社会的中介,成为加入一个非描述性的共同体之中见证或象征,这些共同体就是对社会关系或共同世界的恢复。然而,另一方面,昨日富有争议的暴力,倾向于使用一种新的形象。它彻底地变成了不可再现之物,无止境的邪恶以及灾难的明证。

不可再现之物,就是美学反思中的伦理转向的核心范畴,它也是导致了权利和事实无法区分的范畴,有如恐怖在政治维度所占据的地位一样,它在美学思考中也有着重要地位。不可再现之物的观念,实际上有两个明显的观念:不可能性和禁绝。在艺术手段上,宣称一个既定主题是不可再现的,事实上说的是几个事情。它可以意味着一种特殊的艺术手段,或如此这般的艺术,根本不足以再现出特殊主题的独特性。正是在这个意义上,柏克宣布弥尔顿在《失乐园》(*Le Paradise perdu*)中对堕落天使路西法(Lucifer)的描述在绘画上是不可再现的。其理由是,在词语的多义性基础上崇高,并不是真的让我们看到了他们想向我们展示的东西。然而,当词语在形象上的对应物以视觉的方式展现时,正如画家们笔下的《圣安东尼的诱惑》(*Les Tentations de saint Antoine*)的画中那样,路西法成了别致而怪诞的形象。莱辛的《拉孔奥》(*Laocoon*)表达了同样的论点:莱辛认为维吉尔在《埃涅阿斯记》中的拉孔奥的受难,在雕塑上是不可再现的,因为视觉实在论会剥除艺术的理想,因为它剥除了其角色的尊严。真实维度上的极端受难,在原则上,是被排斥在可见艺术之外的。

很明显,这并不是在不可再现的名义下,对美国电视系列剧《大屠杀》(*Holocaust*,1978)的攻击,这部电视剧通过两个家庭的故事来展现大屠杀遭到了许多非议。问题并不是说,"淋浴房"(salle de douche)带来了笑声,而是说,根本不可能通过虚构的人物模仿集中营里的警卫和受害者的方式,来拍一部灭绝犹太人的电影。宣布其不可能,事实上也掩藏了一个禁令。不过,这个禁令也是两个东西合并:禁止谈事件和禁止谈艺术。一方面,人们认为,集中营中的行为和受难的本质禁止用任何审美上的快感来描绘它。另一方面,有人认为,这种史无前例的灭绝事件需要一种新艺术,一种不可展现之物的艺术。那么,这种艺术的任务与反-再现的艺术要求紧密联系在一起,而这个要求也成了现代艺术的要求①。从马列维奇的《黑色方块》(Carré noir,1915)中提取的直线,标志着形象造型的死亡,到克劳德·朗兹曼的电影《浩劫》(Shoah,1985)面对的就是灭绝的不可再现性的主题。

然而,要问的是,在何种意义下,这种电影属于不可再现的艺术？像所有其他电影一样,它刻画了角色和情境。也像其他所有电影一样,它直接向我们设定了一个诗性的场景,河流蜿蜒地在大地上流淌,一叶扁舟敲响了乡愁的旋律。导演自己用一个煽情的陈述引入了这个田园诗歌式的插曲,宣布了这部电影是虚构的:"故事从我们时代波兰的纳雷夫河北岸开始。"所以,公认的灭绝的不可再现性并不意味着虚构不可能用来面对这个极端邪恶的真相。这与莱辛的《拉孔奥》所表达的论点完全不同,莱辛的论点基于真实展现和艺术再现之间的差距。相反,由于一切都是可以再现的,那么没有任何东西可以将虚构的再现与真实的展现区分开来,于是随之出现了展现大屠杀的问题。这个问题并不是去了解我们是否可以或必须再现,而是要了解什么人要去再现,用

---

① Gérard Wajcman, *L'Objet du siècle*, Verdier, 1998.

什么样的再现方式才能达到这个目的。如今,对于朗兹曼而言,大屠杀的本质特征在于其组织上的完美的合理性与对这个程序进行解释的理由的不足之间的裂缝。在执行上,大屠杀是完全理性的,甚至它计划了抹除自己的痕迹。但这种合理性本身,并不依赖于因果之间的充足的理性关联。那么让对大屠杀的虚构化的思考变得不充分的正是两种合理性之间的裂缝。这种虚构让我们看到,普通人是如何变成怪兽的,令人敬仰的公民是如何变成人渣的。因此,它遵循了一个经典的再现逻辑,按照这个逻辑,进入彼此冲突的角色,要考察他们的人格,他们追寻的目的,以及在对应的情境中他们发生转变的方式。是的,这种逻辑注定既失去了这种合理性的特别之处,也失去了缺乏理由的特别之处。相反,还有另一种虚构类型,证明它可以完美地适用于朗兹曼想讲述的"故事",即小说-研究(fiction-enquête),其原型就是《公民凯恩》(*Citizen Kane*):这种叙事形式解决了面对一堆讳莫如深的事件或角色的问题,并试图抓住那个秘密,但其风险是会遇到理由十分空洞、秘密十分乏味的问题。在《公民凯恩》的例子中,就是落在屋顶的玻璃上的雪,和孩子雪橇上的名字。在《浩劫》的例子中,这是一个超越了所有可以合理重构的理由的事件。

所以,电影《浩劫》与电视剧《大屠杀》在这个方向上并不是对立的,即不可再现的艺术就是一种再现艺术。与经典再现秩序的决裂并不变成不可再现艺术的降临。相反,相对于禁止对拉孔奥受难的再现,以及禁止再现弥尔顿的路西法的崇高一面,《浩劫》和《大屠杀》得到了更自由释放。这些再现的准则界定了不可再现之物。他们禁止了某些景观的再现,需要某种特殊类型和形式,来赋予每一个特别的主题,并需要角色的动作,是从心理学和情境的环境中演绎出来的,要与心理学冬季和因果关系有所对应。这些规则都没有应用到《浩劫》所属的艺术类型上。它并不是与经典的再现逻辑对立的不可再现的艺术。相反,它抹除了严格限定在可再现的主题,与再现这些主题的方式之间的边界。反-再现艺术并不是不再去再现的艺术。相反,它是这样一种艺术,它可再现的主题和再现方式不再受到局限。这就是为什么灭绝犹太人是可以再现的,而不用从一个角色和一个情景中来演绎,也不用展现毒气室和灭绝的场景,展现警卫和受害者。这就是为什么艺术可以展现大屠杀的例外性,而不用任何灭绝的场景,而这种艺术与纯粹由线条和方块构成的艺术类型,以及简单重新展现了来自商品世界和日常生活中的对象和影像的装置艺术是同时代的艺术。

因此,为了实现一种不可再现的艺术,并不需要将这种不可再现之物从艺术本身之外的国度中断绝开来。必须让禁令与不可能和谐一致,这二者设定了两种强制性的理论姿态。首先,必须在艺术中引入宗教禁令,它将对再现犹太人上帝的禁令转化为再现屠戮犹太人的不可能性。其次,内在于再现秩序的废墟之中的再现的残余物必须被转化为其对立面：再现的残缺或不可能性。这决定了可以用这样的方式来建构艺术现代性的概念，它将禁令囿于不可能性之中，将作为整体的现代艺术变成一种在构成上就致力于证明不可再现之物的艺术。

对于这种操作来说，一个特殊概念已经得到了广泛使用："崇高"。我们已经看到，利奥塔是如何为了这个目的重构崇高的。我们也已经看到，重构崇高的前提。利奥塔不仅颠倒了反-再现决裂的意义，也颠倒了康德崇高的意义。将现代艺术置于崇高概念之下，需要将可再现之物的界限和再现手段都彻底颠倒过来：颠倒为感性材料和思想之间的根本歧异的经验。这首先假定了艺术操作的演艺与不可能的需要的编排是一样的。但这种编排的意义被颠倒了。在康德那里，想象的感性能力体验到了它与思考一致的边界。它的失败标志着它自己本质上的局限，并开启了理性的"无界限"。因此，这也标志着从美学领域向道德领域的过渡。利奥塔是在艺术之外用艺术的法则实现了这个过渡。但他这样做的代价是让其首尾倒置。它不再是一种不能遵从理性要求的感性能力。相反，它是一个天生失败的精神，它的使命是去触及物质材料，把握可感物的独特性这个不可能的任务。但可感物的独特性实际上被还原为我们不明确的重复经验和同样的亏欠。结果，艺术先锋派的任务就在于重复其刻画出对异质多样性的震惊的行为，最初，这种异质多样性只是感性上的多样性，但最后这种异质多样性被等同于弗洛伊德意义上的"大事物"或摩西式的律法。崇高的"伦理"转向仅仅意味着：将美学上的自律与康德的道德自律一起转化为同一个异质性的法则，转化为一个律法，这个律法的专横的要求被同化为激进的能力。这样，艺术的姿态在于不明晰地证明精神上相对于律法的无限亏欠，这种律法既是摩西式的上帝的秩序，也是无意识的事实上的规律。在物质上进行抵抗的事实，变成了屈从于大他者的律法，但在这个方面，大他者的法则，仅仅是我们屈从于我们过早降生这个前提。

将美学颠覆为伦理，很明显，不能从艺术变成后现代的艺术角度来理解。现代和后现代之间的简单化的对立，妨碍了我们对现代及其问题的理解。实际上，它忘却了现代主义本身就是两种对立的审美政治之间的矛盾，这两种政治是对立的，但也基于同一个核心，这个核心将艺术自律与对未来共同体的期望联系起来，因此，也将这种自律与对它自身的消除的许诺联系起来。先锋派一词决定了两个扭结在一起的彼此对立的形式，它将艺术自律与艺术所蕴含的解放承诺联系起来，有时这二者会难分彼此，而在另一些时候，在某些层面上，它们又十分清晰地彼此对立。一方面，先锋艺术运动旨在转变艺术的形式，并让艺术等同于创造一个新世界的形式，在这个世界中，艺术不再作为一个独立的实在而存在。另一方面，先锋派保障了艺术自律的领域，让其摆脱向权力实施和政治斗争相妥协的艺术形式，或与资本主义世界的生活美学化相妥协的形式。当先锋艺术运动是一种未来主义，或一种建构主义的梦想在形成新的感性世界中，让作品走向艺术的自我冥灭，它也是一场斗争，他将艺术的自律从所有权力和商品美学化的形式中解放出来。这并不是完全为了保留纯粹艺术的快乐而保留艺术，相反，艺术是为了刻画出在美学的承诺与世界上压迫的现实之间这个无法解决的矛盾。

一种这样的政治已经在苏联的梦想中死绝了，尽管它曾经在苏联新城市中以十分谦和的当代建筑乌托邦的形式存活过，那些城市设计者们在新城市设计的基础上重新创造出共同体，或者，那些关系艺术家在异样的郊区风景中使用了物、图像和不寻常的描绘。这些东西可以称为美学的伦理转向的"柔性"版本。所有的后现代革命都没有抛弃这个版本。后现代的嘉年华基本上只是一个烟幕，它掩盖了现代主义向"伦理"第二次转向，它不再是一个柔性的和社会化的解放美学的承诺，而是一个纯粹的颠倒。这个颠倒不再将艺术的特殊性与未来的解放联系起来，相反，而是与一个自古以来，永不终结的灾难联系起来。

对这一点的最好的证明，就是那种普遍适用的话语，艺术服务于那些不可再现之物，要么它要去见证昨日的大屠杀，那个当下永不终结的灾难，要么去见证文明自古以来的创伤。利奥塔的崇高美学就是这种颠倒的最鲜明的表达形式。在阿多诺的传统中，他号召先锋艺术去不明确地追溯将艺术作品同文化传播不纯洁的杂合区分开来的线索。然而，这个目的不再预示着解放。相反,它不清晰地证明了自古以来的异化,它将所有解放的承诺都变成了谎言,这种解放只有在无限罪恶的形式中才能得到实现,艺术的回答是,"抵抗"不过是无穷无尽的哀悼。

这样,两种先锋艺术形象之间的历史性张力,逐渐消弭成为共同体之中的伦理配对,艺术旨在恢复社会纽带,以及艺术在于去见证在这个纽带起源处的那个无法弥补的灾难。这个转变正好重生了另一个转变,根据这个转变,政治上的权利与事实的张力关系也消弭于和谐一致与消灭无限邪恶的无限正义的配对之中。这就是要指出,当代伦理话语仅仅是新统治形式的走向巅峰的时刻。但这会遗漏掉一个关键点:如果柔性的和谐及其艺术上的类似物,是昨日美学和政治激进性适用于当时条件的方式,那么硬性的无限邪恶的伦理及其艺术就是对一个无法弥补的灾难无穷无尽的悼念,反过来,它正好颠覆了其激进性。导致这种颠覆的就是一种时间概念,这是伦理激进从现代主义激进中承袭而来的时间概念,一个由关键性时间一分为二的事件概念。长期以来,这个关键性事件就是即将来临的革命。但在伦理转向之后,这个方向正好发生了反转:历史是按照激进事件留在时间上的切口来划分的,这个事件不在我们前面,而是在我们后面。如果在发现集中营之后四五十年里,纳粹大屠杀处在哲学、美学和政治思考的中心,理由不仅仅是第一代幸存者保持沉默。在1989年前后,这场革命最后的遗迹逐渐崩溃,直到那时,事件都始终将政治和美学的激进性与历史时间的切口关联起来。然而,这个切口需要用大屠杀来取代其激进性,其代价是颠覆了其意义,将它转化为一个长久存在的灾难,只有神才能将我们从灾难中拯救。

我的意思并不是说,今天的政治和艺术都完全听从于这个观点。很容易找到某些政治行动和艺术介入的形式,与这种主流潮流背道而驰,甚至抱有敌意。而这正是我所理解的观点:伦理转型并不是历史必然性,原因很简单,根本没有这一回事。然而,这个转向的力量在于它有能力颠倒昨天旨在带来激进政治和美学变革的思想和态度的形式。伦理转向并不单纯是在和谐一致的秩序中缓和政治和艺术之间不同类型的歧异。它似乎是将这种歧异形式绝对化的终极形式。阿多诺的现代主义的苛刻,希望保持艺术的解放潜能的纯洁,毋让其受到与商业文化和生活美学化相妥协的各种形式玷污,而现在沦为将艺术变成了是对不可再现的灾难的伦理上的见证。阿伦特的政治纯粹论,坚决将政治自由与社会必然性分割开来,现在沦为了让和谐一致的秩序的必然性得到合法化的形式。康德的道德律令的自律性,现在沦为在伦理上遵从于大他者的法则。人权沦为复仇者的特权。将世界一分为二的传奇沦为了反恐战争。但在这一颠倒中的核心要素,毫无疑问,就是一种时间神学,将现代性的观念视为注定要承担某种内在必然性的时间,曾经的光辉,如今沦为灾异。这就是由奠基性事件或即将来临的事件一分为二的时间概念。与今天的伦理架构决裂,并让政治和艺术的创造回到它们的差异那里,拒绝保持它们纯粹性的幻想,将其回溯到它们仍然不明朗、不稳定,富有争议的状态上。这不可避免地需要将它们与时间神学分离开来,与所有史前创伤或即将来临的救赎的思想分离开来。①

---

① 这篇文章是 2004 年,朗西埃在西班牙的巴塞罗那举行的联邦储备银行(la Caixa)赞助的学术论坛上提交的论文,会议的主题是"当代思想的地理学"。

图书在版编目(CIP)数据

美学中的不满/(法)雅克·朗西埃著;蓝江,李
三达译.—南京:南京大学出版社,2019.5(2023.5重印)
(当代激进思想家译丛/张一兵主编)
ISBN 978-7-305-21667-1

Ⅰ.①美… Ⅱ.①雅… ②蓝… ③李… Ⅲ.①美学—研究 Ⅳ.①B83

中国版本图书馆 CIP 数据核字(2019)第 035814 号

MALAISE DANS L'ESTHETIQUE
DE JACQUES RANCIÈRE
Copyright © EDITIONS GALILEE 2004
Simplified Chinese edition arranged through DAKAI AGENCY LIMITED
Simplified Chinese translation copyringt © 2019 by Nanjing University Press

江苏省版权局著作权合同登记 图字:10-2015-129 号

出版发行	南京大学出版社
社　　址	南京市汉口路22号　邮　编 210093
出 版 人	金鑫荣
丛 书 名	当代激进思想家译丛
书　　名	美学中的不满
著　　者	[法]雅克·朗西埃
译　　者	蓝　江　李三达
责任编辑	禹　玲　张　静
照　　排	南京紫藤制版印务中心
印　　刷	江苏苏中印刷有限公司
开　　本	920 mm×1194 mm　1/32　印张 5.25　字数 98 千
版　　次	2019 年 5 月第 1 版　2023 年 5 月第 4 次印刷
	ISBN 978-7-305-21667-1
定　　价	40.00 元

网　　址:http://www.njupco.com
官方微博:http://weibo.com/njupco
官方微信:njupress
销售咨询:(025)83594756

＊ 版权所有,侵权必究
＊ 凡购买南大版图书,如有印装质量问题,请与所购
　图书销售部门联系调换